宫崎滔天家藏民国人物书札手迹（第五卷）

中国宋庆龄基金会研究中心 编

中国出版集团公司
华文出版社

图书在版编目（CIP）数据

宫崎滔天家藏民国人物书札手迹. 第五卷 / 中国宋庆龄基金会研究中心编. -- 北京：华文出版社，2021.1
ISBN 978-7-5075-5375-8

Ⅰ. ①宫… Ⅱ. ①中… Ⅲ. ①历史人物—手稿—收藏—中国—民国 Ⅳ. ① G262.1

中国版本图书馆 CIP 数据核字 (2020) 第 231924 号

宫崎滔天家藏民国人物书札手迹（全八卷）

编　　者：	中国宋庆龄基金会研究中心
责任编辑：	潘　婕
出版发行：	华文出版社
社　　址：	北京市西城区广外大街 305 号 8 区 2 号楼
邮政编码：	100055
网　　址：	http://www.hwcbs.com.cn
电　　话：	总编室 010-58336239　发行部 010-58336238　责任编辑 010-63429159
经　　销：	新华书店
印　　刷：	北京画中画印刷有限公司
开　　本：	889mm×1194mm　1/12
印　　张：	166.33
字　　数：	1436 千字
版　　次：	2021 年 1 月第 1 版
印　　次：	2021 年 1 月第 1 次印刷
标准书号：	ISBN 978-7-5075-5375-8
定　　价：	1999 元

版权所有，侵权必究

《宫崎滔天家藏民国人物书札手迹》（全八卷）编辑委员会

特别顾问：王家瑞　宫崎蕗苳（日）
顾　　问：章开沅　杨天石　宫崎黄石（日）　久保田文次（日）
主　　任：杭元祥
副 主 任：井顿泉　于　群
委　　员：唐九红　艾　多　陈爱民　宋　健　孙晓燕　李长莉　赵立彬

本卷执行编委

主　　编：艾　多
编　　辑：李　朋　赵　波　苏　刚
日文释读及翻译：霍耀林

出版说明

宫崎滔天是日本熊本县人，早年受资产阶级民主思想的影响，追随孙中山支持中国民主革命。宫崎家藏大量中国近现代珍贵历史资料，一直未能公之于世，因而备受各界关注。

20世纪70年代末80年代初，中日史学界研究辛亥革命的学者，开展国际交流研讨的活动渐渐多起来。1981年，北京景山学校日语教师何子岚先生因与宫崎家熟悉的缘故，曾协助对其家藏的历史资料进行整理。同年10月，宫崎滔天的孙女宫崎蕗苳女士及其先生宫崎智雄教授应邀到中国参加纪念辛亥革命70周年大会，向大会赠送了一批家藏的文献资料，引起史学界的注意。1982年，著名历史学家刘大年先生致函宫崎蕗苳女士，提出与宫崎家合作整理、研究资料的建议，并指派中国社会科学院近代史研究所荣孟源先生推动，1985年荣先生不幸病逝，工作被迫中断。此后，中国学者陆续造访宫崎家，阅览资料并作了相关研究。黄兴、何天炯后人在与宫崎家的来往中，也曾获取这些资料的相关部分。1993年，宫崎蕗苳女士向历史学家章开沅先生初步透露希望系统整理与出版其家藏资料的意向。

2005年11月，中国宋庆龄基金会与中央电视台共同赴日本九州拍摄《寻访孙中山的足迹》文献片过程中，参观了宫崎兄弟的故居，了解到宫崎家藏资料的情况，感到对中国近代史研究具有重要意义，并感慨这批资料历经一个多世纪得以保存下来的不容易。2007年11月，在章开沅先生的帮助和引荐下，中国宋庆龄基金会正式启动了整理出版宫崎滔天家藏有关中国革命资料的项目。这一项目得到宫崎蕗苳女士、宫崎黄石先生及其夫人的大力支持，也得到了日本学者久保田文次、久保田博子夫妇的积极帮助。2011年，在辛亥革命百年之际，中国宋庆龄基金会将先期整理出来的部分资料汇集，由人民美术出版社出版了《宫崎滔天家藏——来自日本的中国革命文献》一书，受到海内外各界的关注与赞扬。2013年，为了推动这项工作的持续开展，中国宋庆龄基金会成立了"宫崎滔天家藏资料研究"项目组，制订规划、组织专人、明确任务，每年两次至三次派出工作组赴东京西池袋宫崎滔天旧居工作，对这些珍贵资料进行分类、编目、扫描等。同时，工作组坚持整理与保护并举的良好做法，认真持续地对文物原件采取防潮、防虫等保护措施，得到了宫崎家的进一步信任。2016年春，资料整理基本进入尾声，按计划进入编辑出版阶段。经过反复论证，确定了以《宫崎滔天家藏民国人物书札手迹》为书名，分八卷逐卷出版的方案。

《宫崎滔天家藏民国人物书札手迹》收录辛亥革命至民国期间，包括孙中山、宋庆龄、黄兴、廖仲恺、何香凝、宋教仁、何天炯、戴季陶、蒋介石、汪精卫、胡汉民、朱执信、于右任、黄复生、陈其美、李烈钧、谭延闿、邓恢宇、孙毓筠、吴玉章、陈独秀、李大钊、毛泽东、熊克武、但懋辛等近百位与宫崎家有书信往来的中国历史人物的相关资料，涵盖笔谈、信函、题词、手札等。资料集采用影印形式出版，由相关专家学者对原文进行释读。释读中，原文错字用〔 〕号，增补者用〈 〉标出，模糊不清或无法辨认者用□标示，汉字形式的日义在[ ]内标注中文含义，个别人物化名或指代名以编者注的形式在【 】内标出。关于资料编排，首先按资料类型区分，第一卷至第六卷为笔谈、信函，第七卷、第八卷为题词；其次按照资料涉及人物、数量等情况相对集中编于各卷，各卷中按人物姓名拼音首字母顺序排列，同一人物的按资料时间顺序排列，日期不详或无法考证的置于该人物末尾。由于编者水平所限，书中难免有错讹之处，敬请读者指正。

在宫崎滔天家藏资料整理与出版工作中，宫崎家一如既往地给予信任和支持，中国驻日本大使馆及日本宋庆龄基金会等机构积极协助；章开沅、金冲及、黄彦、尚明轩、步平、严昌洪、罗福惠、王晓秋、杨天石、汪婉、李长莉、赵立彬、何大章、陈红军、沈锡麟、彭剑、苏刚及久保田文次、久保田博子等中日两国专家学者进行热忱指导，中国宋庆龄基金会理事孙晓燕、中山大学历史系教授赵立彬、井冈山大学外国语学院霍耀林参与大量具体工作，于志强先生提供部分资助，中国出版集团和华文出版社给予大力支持，在此一并致谢。

编者

2020 年 11 月

序一

章开沅

我与宫崎家族可以说有天生的缘分。

小时候曾在父亲的书架上翻阅过《三十三年落花梦》，知道在日本曾经有位流浪武士，如同《隋唐演义》中的侠士虬髯客一样，把孙中山当作李世民式的明君，忠心耿耿帮助他发动辛亥革命，建立中华民国。

长大成人当上历史教师以后，由于研究辛亥革命，日本浪人与宫崎滔天成为绕不开的话题，对他有了更为具体的认知。但是在很长一个时期，由于中日已成敌国，所以从来不敢对这位东洋豪侠之士公开肯定。

直至"文化大革命"结束，中国进入改革开放的历史阶段，我们才有可能对宫崎滔天及其家族进行客观而较深入的研究。其实，就在"文化大革命"发动的那一年，即1966年春天，我差一点就与滔天的侄子世民见面。那时我被"纪念孙中山诞辰100周年筹备委员会"借调，参与出版孙中山、宋庆龄文集与征集史料方面的学术性工作，借住在白塔寺全国政协宿舍。宫崎世民正好也在北京友好访问，可能是想提供珍贵史料，急于与筹委会联络。当时北京市委已经成为批判对象，市内人心惶惶，筹委会又没有正式办公地点，及至找到我的住处，宫崎世民已经在飞机场候机返国，所以只能约定在机场见面。政协工作人员非常关切，赶紧派车送我到机场，但为时已晚，飞机即将起飞，那时又无手机，所以连说一句送别的话都无法实现。

1978年春，黄兴的女儿德华与丈夫薛君度到长沙访问，邀我共同探讨黄兴评价问题，宫崎兄弟自然成为重要话题。其时黄兴长子一欧因病住院，我们专程前往探访。他虽然高龄衰病，但谈起1907年至1911年年初寄住在宫崎家的往事，仍然充满依恋之情。感叹说："宫崎滔天已经去世50多年了，我虽已进入衰暮晚年，仍然时常想起这位和蔼可亲的长辈，他的音容笑貌，历历如在眼前。"那些年宫崎只顾为孙中山东奔西走，家中经济极为贫困，但滔天夫人宁可给亲生儿子吃杂粮，也要保证一欧吃米饭健壮成长，及时回国参加辛亥革命。

1978年春夏之交，日中友协（正统）奈良县本部名誉会长北山康夫先生来武汉访问，交流辛亥革命研究情况。我顺便介绍了一下一欧老人的回忆，他顿时激动起来，并把滔天当年主编的《革命评论》杂志送给我。据说整个日本能够完整保存下来的只有两套，这是他自己珍藏多年的纪念品。我认真阅读了这套杂志，内心非常感动，并借用该刊登载的中国留日革命志士的诗句"只教文章点点血，流作樱花一片红"，作为题目，写成一篇深情散文在《人民日报》（海外版）发表，公开表达了我对宫崎兄弟的崇敬之情。

日本史学界很多辛亥革命研究者看过这篇文章，所以1979年深秋访问京都大学时，狭间直树曾经陪同我前往熊本荒尾参观宫崎故居及家墓。家墓保存完好，旧居原貌仍存，引发我许多感慨。1981年日本举办纪念辛亥革命70周年国际研讨会，会后我与金冲及教授应荒尾市市长邀请，又专程前往拜谒这位日本先贤的故居及相关历史遗址，并且举办了盛大的公众集会，我与冲及发表了热情洋溢的讲话。

在此前一年，即1980年秋天，宫崎的孙女蕗苳率滔天会一行20余人访问中国，曾经专程来武汉与我晤谈。这是我与宫崎家族正式结交的开始。但彼此交往密切，相知渐深，却是在1993年夏季我滞留日本的两个多月期间。我与妻子不仅参加了滔天会的例行集会，而且再次比较从容地参观了东京宫崎故居收藏的宝贵文物与丰富文献。正是在此期间，蕗苳初步透露了这批历史文献的整理与出版的意向，由我回国寻求可靠的承办单位。日本东京女子大学久保田教授与宫崎蕗苳一家关系密切，其妻博子又是日本宋庆龄研究会的骨干，自愿担任日方的相关联络。回国以后，我立即与中国宋庆龄基金会通报此事，并且迅速得到他们的明确回复，决定承办宫崎家文献的影印出版事宜。经过多方努力与辛勤整理编辑，终于实现了我们多年的共同梦想，其丰硕成果就是由中国宋庆龄基金会研究中心主编，人民美术出版社于辛亥革命百年纪念期间隆重推出的《宫崎滔天家藏——来自日本的中国革命文献》，线装影印，装帧典雅，受到海内外各界人士的热情赞扬。

此书出版后，曾在北京隆重举办新闻发布会，我与宫崎蕗苳及黄石母子，还有久保田文次教授，再次在北京欢聚，洋溢欣慰之情。正是在这次会上，我倡议再接再厉，一鼓作气，把宫崎家藏全部与中国相关的历史文献加以整理，逐卷影印出版。当即得到与会者一致赞同，而更为可贵的是中国宋庆龄基金会的相关领导，深切理解这项编辑出版工程的重大意义与深远影响，立即开始运作，共同书写中日友好合作交流的新篇章。

经过宫崎家族与宋庆龄基金会的通力合作，宫崎家藏历史文献整理编辑工作有序高效推进。今年即可出版两卷，主要为宫崎滔天与孙中山、黄兴两人的来往函札。这是对孙中山150周年诞辰的最好纪念。作为此项重大工程的倡议者与参与者，能够亲眼看见多年梦想逐步化为现实，内心之喜悦难以言表，只能草成此序，略抒胸臆而已。

丙申仲秋于桂子山，年方九十

序作者为华中师范大学原校长、荣誉资深教授。

序二

杨天石

宫崎滔天是孙中山的亲密友人，和中国许多革命人士交往频繁，一生热诚支持中国革命，家藏大量相关信函、笔谈、照片等珍贵文物。2010年，为迎接辛亥革命100周年，中国宋庆龄基金会编辑并影印出版了孙中山与宫崎滔天的笔谈39枚、信函多通，受到世界中国近代史学界的广泛关注。2016年，为纪念孙中山诞辰150周年，宋庆龄基金会得到宫崎滔天后人授权，拟逐卷出版其全部家藏的中国革命人士的手迹等文物。这将为中国近代史的研究提供大批珍贵资料，是孙中山150周年诞辰纪念活动中最重要、最有光彩、最为学界关注的一笔。

宫崎滔天（みやざき とうてん 1871—1922)，本名宫崎寅藏，一名虎藏，别号白浪庵滔天。出身于日本熊本县玉名郡荒尾村（今荒尾市）的"乡士"家庭（"武士寒门"）。有七个哥哥，三个姐姐，寅藏居末，与其兄宫崎八郎、宫崎民藏、宫崎弥藏四人，合称为宫崎兄弟。其中，八郎是日本自由民权运动的健将，1877年战死于反对封建藩阀的西南战争中；二哥民藏反对封建土地制度，倡导土地均分论，组织土地复权同志会，是日本提出土地问题的先驱；三哥弥藏认为当时的世界"弱肉强食"，"强者逞暴，日甚一日，弱者的权利与自由，一天天地丧失殆尽"，"必须速谋恢复之策"。三位兄长的思想都给了滔天以深刻的影响。

滔天幼年随父亲宫崎长藏学习剑术，后就读于德富苏峰所办大江义塾和中村正直所办同人社。1886年，转入东京专门学校（今早稻田大学）英语科，开始关注亚洲的革命运动。1888年，弥藏对滔天说：要防止黄种人永远遭受白种人的压迫，"这个命运的转折点，实系于中国的兴亡盛衰"，"倘若中国得以复兴，申大义于天下，则印度可兴，暹罗、安南可以奋起，菲律宾、埃及也可以得救"，将"广泛地恢复人权，在地球上建立一个新纪元"。弥藏建议深入中国内地，遍访英雄，共图大事。如果找到治世豪杰，就愿效犬马之劳。弥藏的思想自此成为滔天"一生进路的指南针"。后来，滔天又在此基础上进一步扩展为"世界维新，欲行天道于此邪恶世界"。他在给妻子的信中表示："我们的朋友是穷人、乞丐，我们的敌人是君王、贵族、地主和富翁。我们势非与社会的最强者搏斗不可。"

1891年5月，滔天初访中国上海，无所成。1897年7月，滔天与平山周等经由犬养毅斡旋，得到日本外务省的资助，来华考察秘密结社。1897年9月，滔天与平山周在横滨陈少白的家中见到孙中山，孙阐述了自己的革命主张，认为"共和政治"为"政体之极则"。滔天对孙中山大为倾倒，感慨地写道："孙逸仙实在已接近真纯的境地。他的思想何其高尚，见识何其卓越，抱负何其远大，情念何其切实。在我国人士之中，究竟有几个如他？他实在是东方的珍宝。"自此，滔天就将自己振兴亚洲和振兴中国的希望寄托于孙中山身上。他不仅将孙中山引荐给犬养毅等日本政治、经济界要人，而且将孙中山所写《伦敦蒙难记》译成日文，改题《清国革命领袖孙逸仙幽囚录》，亲撰按语，在福冈的《九州日报》上连载。这样，孙中山在日本的影响就日渐扩大。

1898年戊戌政变发生，滔天护送逃亡香港的康有为到达日本，奔走于孙中山与康有为及其弟子梁启超之间，力图劝说两派联合，共同反对清朝政府。1899年11月，滔天协助毕永年等人，将兴中会、哥老会、三合会三派联合，成立兴汉会，推举孙中山为会长。1900年6月，滔天陪同孙中山等人自日本乘轮南下，企图乘北方发生义和团运动之机，以江苏、广东、广西等南方六省为基础，建立共和政体。滔天亲到广州，与李鸿章的代表刘学洵谈判，实行两广独立；又到新加坡，企图劝说康有为"复建共和之旗帜，握手协力"。康有为怀疑滔天为刺客，向英国殖民当局控告，滔天被捕。孙中山得知，从西贡赶来营救。10月，滔天参与惠州起义，负责从日本调运原菲律宾独立军所留弹药，由于政客和商人的欺骗舞弊，均为废物。11月7日，起义失败，滔天返回日本。他穷困潦倒，又不愿从政府的对华间谍组织获取经费，转职成为浪花节艺人，到日本各地演唱，筹措革命经费。他曾对家人说："我能挣到革命的经费，而无法挣到养家的经费，万分地抱歉，请你们自食其力吧。"

1902年，滔天出版自传《三十三年之梦》，其中《兴中会首领孙逸仙》一章详述孙中山的革命经历。孙中山为该书作序，称滔天为"今之侠客"，"识见高远，抱负不凡，具怀仁慕义之心，发拯危扶倾之志。日忧黄种陵夷，悯支那削弱，数游汉土，以访英贤，欲共建不世之奇勋，襄成兴亚之大业。闻吾人有再造支那之谋，创兴共和之举，不远千里，相来订交，期许甚深，勖励极挚。"该书1903年由章士钊节译，以《大革命家孙逸仙》为名出版，随即"风行天下，人人争看，竟成鼓吹革命之有力著述"。

1903年之后，中国内地的爱国青年纷纷赴日留学，滔天热情接待、联络。1905年7月，滔天陪同孙中山会见黄兴，"谈论极合"，一见如故。不久，再次陪同孙中山访问《二十世纪之支那》杂志社，会见湖南革命志士陈天华与宋教仁。同月30日，参加中国各省志士在东京赤坂区黑龙会会所举行的会议，决定成立新的革命团体。8月13日，参加中国留日学生在东京富士见楼举行的欢迎孙中山会，与日人末永节二人先后发表演说。8月20日，以孙、黄为核心的中国同盟会成立，滔天成为第一批外籍会员。11月26日，同盟会机关刊物《民报》创刊，公开提出民族、民权、民生三大主义，滔天的住宅成为其最早的发行所。为了与《民报》呼应，滔天创办日文杂志《革命评论》。在第4号上以头版刊登孙中山的大幅照片，同时刊登滔天所写文章《志士的风骨》，介绍孙中山的事迹和为人。第7号上发表《支那革命殉难者小传》，纪念史坚如、邹容、陈天华、吴樾等烈士。1906年7月15日，章太炎出狱，到达东京，中国革命党人在锦辉馆召开欢迎大会，滔天发表演说，声称世界专制之国，存于今日者只有中国及俄罗斯，"然俄于近年民党进步至锐，旦夕将达其目的，贵国宁能无动乎？"

孙中山在日本东京期间，曾将联络、运动日本各方的工作委托滔天。1907年，支持中国革命的平山周、北一辉、和田三郎几个日本人士之间发生矛盾，孙中山于9月13日致函滔天，委托其全权办理在日本的"筹资、购械、接济革命军"以及与出资者谈判等各方面的工作。函称："专托足下一人力任其难，如有所商酌，可直接函电弟处。"由此可见孙中山对滔天的高度信任。1909年，滔天的经济愈加困难，生活陷于绝境，东京赤坂警察署的署长企图乘机收买滔天，要他提供中国革命者的情报，被滔天愤然拒绝。孙中山作书致谢。函称："足下为他国事，坚贞自操，艰苦备尝如此，吾人自问，惭愧何如！"

滔天和黄兴也情谊深厚。1907年，黄兴将儿子一欧寄养于滔天家。1908年7月，黄兴到东京，与滔天"天天有来往"。当时，滔天全家吃豆腐渣过日子，却设法借债让黄兴吃白米饭。1910年2月，黄兴为在中国南方发动起义，委托滔天在日本招募步兵、炮兵、工兵官佐。滔天为此运动长谷川大将，陆军大臣寺内正毅乘机派亲信随滔天到香港考察，黄兴作诗赠滔天，表达"百万雄师直抵燕"的热切愿望。同年，滔天被日本政府列为甲号社会主义者，受到严密监视。1911年4月，孙中山听到滔天"贫而病"，从加拿大寄款慰问。

1911年10月10日，武昌起义。10月17日，滔天参加在东京日比谷公园举行的浪人会，主张日本"绝对中立"，反对政府乘机侵华，干涉中国内政。11月15日，滔天挪借旅费来华，准备西上汉阳，接到孙中山约见的电报后立即赶到香港，与孙中山同轮赴沪。1912年元旦，参加孙中山就任临时大总统典礼。为了解决北伐清廷所需军费，滔天等人介绍孙中山向日本三井财阀借款，最终未能成功，孙中山不得不接受袁世凯所提出的和议。8月，孙中山应袁世凯之邀北上，电告滔天，称袁世凯将授予滔天以米谷输出权，滔天以渴不饮盗泉之水自励，加以拒绝。9月1日，滔天与何天炯、邓恢宇等人共同创办中日文并用的《沪上评论》，倡导发展中日友好。10月，离华回国。

1913年3月，孙中山访问宫崎家乡，在致词中盛赞宫崎弟兄"竭尽全力"支持中国革命的精神，祝愿两国的友谊"能如吾等之君子之交"，"携手共进，和睦友善"。同月20日，宋教仁在上海遇刺，孙中山从日本匆匆回国，发动"二次革命"，滔天参与筹划。"二次革命"失败，孙中山、黄兴之间意见分歧，革命党人中出现严重分裂，滔天力图化解孙、黄两派之间的矛盾。1915年10月25日，出席孙中山与宋庆龄的婚礼。1915年，滔天为改变大隈重信内阁的对华政策，反对袁世凯，支援孙中山，曾试图参政。他在犬养毅、头山满、寺尾亨、阪本金弥等人的推荐下，设立事务所，竞选众议院议员，孙中山曾驰书鼓励，赞美滔天为"真爱自由平等博爱之人"。

1916年5月，滔天再次到上海，和钮永建等计议向日本财阀久原房之助借款，发动讨袁军事。同年10月31日，黄兴逝世，滔天"痛心欲绝"，"大哭特哭"。1917年4月，长沙各界公葬黄兴、蔡锷，滔天不远万里，临穴送棺。当时正在湖南第一师范读书的毛泽东和萧三受到感动，联名求见滔天，称赞他"高谊贯于日月，精神动乎鬼神，此天下所希闻，古今所未有也"。4月1日，滔天到第一师范演讲，继续呼吁振兴亚洲。同年9月，孙中山在广州就任军政府大元帅，颁布讨伐段祺瑞令，命何天炯赴日，通过滔天争取财政援助。曾谋划开采广东汕头和安徽芜湖附近的铁矿和煤矿。此后的几年间，滔天及其夫人槌子一度热衷于联络革命党人邓恢宇等，投资矿业和米业。

1918—1921年，滔天为《上海日日新闻》撰写大量时评，抨击日本的军国主义与侵略扩张政策，主张日本应同各国发展相互平等的关系。他尖锐批评寺内正毅内阁的援助段祺瑞、压迫南方政府的外交政策。

1921年2月，孙中山授意何天炯邀请滔天访粤。3月12日，滔天与另一位支持中国革命的萱野长知在广州会见孙中山，孙中山仍然希望滔天代为向日本资本家借款。滔天返日后，积极进行，使孙中山无比感动，称滔天为"岁寒松柏"，"其人格尤苍健无匹"。次年12月6日，滔天因肾病和尿毒并发症逝世于日本东京，享年51岁。孙中山驰电："惊悉滔天同志去世，谨致哀悼之意！"1923年1月，孙中山领衔发起，在上海召开追悼大会，赞誉滔天为"日本之大改革家"，"对于吾国革命历史上，尤著有极伟大之功勋"。其骨灰分葬于故乡熊本县荒尾市与新潟县保仓村显圣寺。

宫崎滔天家藏中国革命人物的书简、手迹和实物。其中，属于孙中山与国民党系统的有孙中山、黄兴、宋教仁、胡汉民、朱执信、廖仲恺、张继、李烈钧、章太炎、何天炯、邓恢宇、陈去病等，后来成为中共领导人的有陈独秀、李大钊、毛泽东、吴玉章等，属于文化、艺术系统的有鲁迅、田汉等，总数约近百人，均弥足珍贵。1985年6月，我访问东京，曾由日本学者久保田文次、藤井昇三陪同，访问滔天旧居，蒙宫崎智雄、宫崎蕗苳夫妇热情接待，出示部分珍贵资料，并在孙中山手书的"推心置腹"四字匾额下合影，彼时情景，至今感念不忘。京都大学小野川秀美教授藏有何天炯、邓恢宇致滔天函复印件多份，我承该校狭间直树教授赐赠，又蒙宫崎夫妇惠允利用，陆续写成《何天炯与孙中山》《邓恢宇与宫崎夫妇》两篇论文。当时，颇以未窥全豹为憾。现在，滔天家藏的这些珍贵资料陆续全部出版，这是中日学界的大事、喜事，相信必将大为推动中国近代史和中日关系史的研究。

2016年8月写定于北京东城之书满为患斋

序作者为中国社会科学院荣誉学部委员、中央文史研究馆馆员、近代史研究所研究员、国家图书馆民国文献保护工程专家委员会顾问。

序三

久保田文次（日）

宫崎滔天（1871—1922），本名虎藏，通称寅藏，出身于今熊本县荒尾市乡士（居住乡村的武士）兼大地主家庭。全家人皆仁慈厚爱，且具反潮流精神。长兄八郎曾参加明治维新及自由民权运动，追随西乡隆盛战死沙场。民藏继为长兄，因同情佃农开展"土地复权"运动将土地有偿转让给他们。次兄弥藏反对俄罗斯及欧美各国入侵亚洲，为保日本独立，明治维新后随即主张国力尚不完备的日本给予朝鲜、中国协助。因为朝鲜、中国均尚贫弱，两国若不经改革乃至革命，即无法与日本携手合作，也不足以抵抗欧美。弥藏为寻求主张改革的中国志士开始学习中文，并于1895年在横滨与孙文、陈少白相识，1896年不幸病故。滔天赞同弥藏联合亚洲的主张，于1897年9月自香港回国抵达横滨后径直前往中华街陈少白寓所，陈未在，仅一身材矮小的西洋式绅士在场，正是弥藏多方寻访的孙文本人。初识之孙文与滔天想象的伟岸、美髯、善"高谈壮语"的"东洋豪杰"形象相差甚远，故心存疑虑。孙文就中国现状与革命理想谆谆如处女般谈起，继而"挥洒如脱兔"。滔天为孙文的激情折服，且感意气相投，自此，终生成为中国革命的援助者。

宫崎滔天投身孙文革命运动的同时，不断将孙文本人及革命运动的情况发表于报纸杂志。其最大功绩莫过于1902年于其自传《三十三年之梦》中系统介绍了孙文其人及思想活动，为世界首次。该书翌年经章士钊《孙逸仙》、金天翮《三十三年落花梦》抄译，为中国人民了解近代革命家孙文做出重大贡献。1905年经滔天斡旋，孙文与黄兴相识并共创中国同盟会，继而滔天与萱野长知共同创刊《革命评论》以声援中国革命。同时协助武器购买及资金筹集等具体事务，并积极向孙文等介绍日本政治家、外交官、军人、舆论人。其间与犬养毅及头山满也建立起密切关系。辛亥革命爆发时，滔天亲往上海支持孙文。之后亦不断给中国革命以支援，一贯对日本武断的对华政策加以批判。

滔天身为"浪人"并无固定职业，唯一收入来自报纸杂志和"浪曲师"等的稿费。多亏妻槌子揽女红活贴补，方可维持家计。并不富裕、"勉强度日"中，不仅接待孙文、黄兴、宋教仁，还款待过许多当时尚无名气的年轻革命者们。槌子十分理解滔天的事业，每每亲自接待中国来客。长子继承家业是日本的家族原则，滔天的兄长民藏理解并支持弟弟对中国革命的付出，乐于与留宿滔天家的中国志士交流。槌子之姐前田卓子是日本著名作家夏目漱石小说《草枕》女主人公原型，因婚姻失败前往东京，在同盟会机关报《民报》社居住并工作，被爱称为"民报祖母"。槌子的弟弟前田九二四郎亦曾参加革命活动。

滔天长子宫崎龙介（1892—1971）毕业于东京帝国大学法学部，是"大正民主运动"领袖吉野作造的门生，理解中国"五四"运动，与陈独秀、李大钊有亲密交往。龙介曾一度接近蒋介石，对日本的侵略政策一贯持批判态度，第二次世界大战后为和平运动及日中友好运动做出贡献，并长期致力于宫崎家藏资料的保护与整理。龙介女儿蕗苳之夫宫崎智雄是早稻田大学教授，在有识者何子岚的协助下倾心整理、挖掘家藏资料，并在与何天炯后人交流中提供并公开资料。

黄兴1904年11月亡命日本时立即拜访滔天，在推动同盟会翌年成立的过程中与滔天交往密切。滔天爱慕黄兴的质朴，将黄兴之子黄一欧、黄一中、黄乃接来日本读书，两家交往。滔天东京居所的取得也得益于黄兴的帮助，双方"情谊"深厚。尽管滔天无比仰慕孙文，但对孙文某些独裁倾向持批判态度。特别是在中华革命党成立前后的孙黄对立中竭尽调停之力，之后对孙文一如既往地支持，对黄兴的同情也不加掩饰。此次全集的编辑出版，恰将印证滔天与黄兴一家的亲密关系。

滔天与孙文、黄兴的友谊世人皆知，但最得滔天一家关照过的是宋教仁。宋教仁日记《我之历史》已成为记录宋本人及孙、黄等人活动的重要史料。谨此引用一段宋日记中描绘滔天一家接待中国人的段落。宋教仁于1905年7月19日与程家柽（润生）一同初次拜访宫崎家，记为"既抵滔天君家、则滔天已外出、惟其夫人在、速客人、属待之、余等遂坐。良久、一伟丈夫、美髯椎髻、自外昂然入、视之则滔天君也、遂起与行礼。润生则为余表来意、讫、复坐。滔天君乃言孙逸仙君不日将来日本、来时余当为介绍君等云云。又言君等生于支那、有好机会、有好舞台、君等须好为之、余日本不敢望其肩背、余深恨余之为日本人也"。滔天对得遇机会、舞台的中国革命家的羡慕之情可见一斑。之后，滔天参与协商黄兴及华兴会与孙文的合并，正是由于滔天的斡旋，事态快速进展，至8月20日中国同盟会成立大会召开。

同年9月17日宋教仁与张步青等友人共同拜访宫崎家，日记为"既至、坐良久、滔天出酒肴共啖之、余举杯连饮、少焉稍有醉意、乃放声唱湖南之新剧、滔天亦击节而歌、步青亦作鄂调、举坐殆若狂。良久、滔天之夫人内田氏（应为前田氏）亦出而举酒属客、余一饮而尽者数杯。又移时、余乃醉矣、呕吐满地、颓然横卧、迨至戌初、步青乃呼醒余、乃共辞归"，主客相融的气氛溢于言表。如此场景宋教仁日记多有记录，如实描绘了滔天一家对中国青年革命者们的热情接待。

宋教仁曾从事《民报》工作，与前田卓子同事。宋患有神经性疾病，卓子非常关心其健康，帮助宋治疗坐骨神经痛，宋自田端脑病院出院后，卓子建议宋去其九州娘家疗养。最终，经黄兴建议暂住新宿滔天家静养。宋教仁记有1906年10月5日下午4时到达宫崎家时的情景，"宫崎之夫人即为余扫除房间、少时余之行李亦运、遂搬入焉。其房在其家屋深处、有窗临街、颇可居也。宫崎氏有子二人、长名龙（龙介）、次名震（震作）、女一名节（节子）、夫人前田氏和坦可亲、其家庭之乐甚足羡"。宋教仁在宫崎家养病期间迎来《民报》创刊一周年大会，1907年元旦与滔天、萱野长知等对酒迎新，1月7日为代理即将远赴越南的黄兴的同盟会庶务干事一职搬入黄兴租住居所。如此打扰过宫崎一家的宋教仁直接史料，在宫崎家史料中却所见不多。不过宋教仁、何天炯、张继与盛装的前田卓子、福田内子（《民报》职员，滔天同乡）的合影照片"民报社的人们"可见。据宋教仁日记，1906年3月1日何天炯、前田等聚会为即将赴中国东北的张继饯行，2日特前往照相馆合影留念。宋教仁直接史料虽然不多，但宋日记却记录宋教仁本身和同盟会动态的同时，还如实记录了滔天一家对中国革命者、留学生的热情接待，是珍贵史料。

为张继饯行并参加合影留念的何天炯也是频繁到访宫崎家的中国人之一，他致滔天信函逾百封。宫崎家藏滔天收讫信函中，包括日本人在内，来自何天炯的堪称最多。如杨天石、狭间直树所说，何天炯有着敢于向孙文谏言的骨气，宫崎家藏数十位同志题跋签名的大幅横轴，正是为何天炯书法"文章有神交有道……"所题。何天炯书简预计由李长莉编辑出版为《何天炯集》，百余封信函的分析对孙文研究、辛亥革命研究具有重要意义。

宫崎家不仅藏有上述孙文、黄兴、宋教仁、何天炯资料，还藏有其他众多中国革命运动领导人、参与者的信函、随笔、书画、照片、名片等大量史料。以往出版过的《孙中山全集》《国父全集》《黄兴集》《黄克强先生全集》等不曾收录的资料此次亦有相当补充。宫崎家史料或多或少涉及的主要人物除上述人物还有以下诸位，恕不分排名先后：孙科、宋庆龄、陈少白、赵声、章炳麟、蔡元培、汪兆铭、胡汉民、陈其美、李烈钧、柏文蔚、谭延闿、孙毓筠、许崇智、朱执信、廖仲恺、何香凝、戴季陶、于右任、黄复生、章士钊、蒋介石、陈诚、谢持、吴玉章、董必武、熊克武、但懋辛、邓铿、胡毅生、景梅九、林义顺、韩恢、凌钺、白逾桓、邓恢宇、陈家鼐、何树龄，以及毛泽东青年时期致滔天信函。与龙介相关史料涉及鲁迅、陈独秀、李大钊、周恩来、廖承志、田汉、康白情，等等。中国近代史上熠熠生辉的人物在宫崎家藏史料中如星罗棋布。仅一个家族所藏涉及如此众多历史人物，在泱泱中国也不多见。

这些历史人物都是身后扬名，滔天一家招待时都还是无名且前途无从预测的青年，无论是蒋介石还是毛泽东。我只有无比钦佩滔天一家对这些无名青年的期待乃至招待。能为世界留下如此大量的重要且珍贵的史料无不源自那些日常招待。还应该说，正是有了滔天与槌子、龙介与白莲、智雄与蕗苳、黄石与博子历代继承者的精心保管、整理，才使得本资料全集的出版成为可能。

我本人原本不是孙文研究者，多年协助刘大年先生等中国学者访问宫崎家之余，通过宫崎智雄先生将发现龙介与宋庆龄往来信函告知久保田博子事，对滔天自身产生浓厚关注，并开始协助中国宋庆龄基金会整理资料。可以说每次拜访宫崎家都有令我激动的新发现。值此基金会的资料整理告一段落，开始出版八册全集之际，唯有无限感慨。衷心感谢宫崎一家及中国宋庆龄基金会给予我们夫妇如此巨大的学习机会。

2016年9月

序作者为日本女子大学名誉教授。

目 录

1. 蔡济民致宫崎滔天函（1917年11月18日） /1
2. 蔡济民致宫崎滔天函（1918年3月6日） /3
3. 蔡济民致宫崎滔天函（1918年3月11日） /5
4. 邓恢宇致宫崎滔天函（1914年7月26日） /7
5. 邓恢宇致宫崎滔天函（1914年8月4日） /9
6. 邓恢宇致宫崎滔天函（1914年8月17日） /11
7. 邓恢宇致宫崎滔天函（1915年1月6日） /13
8. 邓恢宇、凌钺致宫崎滔天函（1915年2月12日） /15
9. 邓恢宇致宫崎滔天函（1915年12月8日） /17
10. 邓恢宇致宫崎民藏函（1916年3月6日） /19
11. 邓恢宇致宫崎滔天函（1916年4月2日） /21
12. 邓恢宇致宫崎滔天函（1916年5月15日） /23
13. 邓恢宇致宫崎滔天函（1917年9月3日） /25
14. 邓恢宇致宫崎滔天函（1918年1月1日） /27
15. 邓恢宇、钮永健致宫崎滔天函（1918年6月9日） /29
16. 邓恢宇致宫崎滔天夫人函（1918年12月16日） /31
17. 邓恢宇致宫崎滔天夫人函（1918年12月23日） /35
18. 邓恢宇致宫崎滔天夫人函（1919年1月6日） /39

19. 邓恢宇致宫崎滔天函（1919年2月4日） /41
20. 朱卓文致邓恢宇函（1919年2月6日） /43
21. 邓恢宇致宫崎滔天函（1919年2月7日） /45
22. 邓恢宇致宫崎滔天夫人函（1919年5月4日） /47
23. 邓恢宇致宫崎滔天函（1919年7月20日） /51
24. 邓恢宇致宫崎滔天夫人函（1921年3月11日） /53
25. 邓恢宇致宫崎滔天函（1921年5月8日） /55
26. 邓恢宇致宫崎滔天函 /59
27. 邓恢宇致宫崎滔天函（□年10月31日） /61
28. 邓恢宇致宫崎滔天函（□年□月15日） /63
29. 邓恢宇致宫崎滔天夫人函（□年□月21日） /65
30. 邓恢宇、徐瑞霖致宫崎滔天函（□年1月17日） /67
31. 李□致邓恢宇函 /69
32. 邓恢宇致宫崎滔天夫人贺卡（1927年） /71
33. 刘燧昌致宫崎滔天函（1918年3月1日） /73
34. 刘燧昌致宫崎滔天函（1919年1月15日） /75
35. 刘燧昌致宫崎滔天函（1919年11月9日） /77
36. 刘燧昌致宫崎滔天函（1920年2月2日） /79
37. 刘燧昌致宫崎滔天函（1920年3月23日） /81
38. 刘燧昌致宫崎滔天函（□年□月7日） /83
39. 刘佐成致宫崎滔天函（1917年12月28日） /85
40. 刘佐成致宫崎滔天函（1919年1月28日） /87
41. 刘佐成致宫崎滔天函（1920年2月9日） /91
42. 刘佐成致宫崎滔天函（1920年3月9日） /95
43. 吕丹书致宫崎滔天函（1917年□月□日） /97
44. 吕丹书致宫崎滔天函（1917年□月□日） /99
45. 吕丹书致宫崎滔天函 /101
46. 吕丹书致宫崎滔天函 /103

47. 孙毓筠致宫崎滔天夫人函（1914年7月3日） /105

48. 孙毓筠致宫崎滔天函（1917年12月） /107

49. 孙毓筠致宫崎滔天函（1917年12月6日） /121

50. 孙毓筠致宫崎滔天函（1917年12月29日） /123

51. 孙毓筠致宫崎滔天函（1918年2月2日） /125

52. 孙毓筠致宫崎滔天函（1918年2月5日） /127

53. 孙毓筠致宫崎滔天函（1918年） /129

54. 孙毓筠致宫崎滔天函（1918年2月12日） /131

55. 孙毓筠致宫崎滔天函（1918年2月） /133

56. 孙毓筠致宫崎滔天函（1918年2月21日） /139

57. 孙毓筠致宫崎滔天函（1918年3月10日） /141

58. 孙毓筠致宫崎滔天函（1918年4月2日） /145

59. 孙毓筠致宫崎滔天函（1918年4月2日） /147

60. 孙毓筠致宫崎滔天函（1918年4月10日） /149

61. 孙毓筠致宫崎滔天函（1918年5月1日） /159

62. 孙毓筠、邓恢宇致宫崎滔天函（1918年5月7日） /163

63. 孙毓筠、邓恢宇致宫崎滔天函（1918年5月9日） /167

64. 孙毓筠致杜幼泉函（1918年5月13日） /169

65. 孙毓筠、邓恢宇致宫崎滔天函（1918年5月18日） /171

66. 孙毓筠、邓恢宇致宫崎滔天函（1918年5月24日） /173

67. 孙毓筠、邓恢宇致宫崎滔天函（1918年6月7日） /177

68. 孙毓筠致宫崎滔天函（1918年6月8日） /195

69. 孙毓筠致宫崎滔天函（1918年11月28日） /197

70. 孙毓筠致宫崎滔天函（□年1月27日） /199

71. 孙毓筠致宫崎滔天夫人函（□年7月29日） /203

72. 孙毓筠致宫崎滔天函 /207

73. 孙□致宫崎滔天夫人函 /209

74. 周志伊致宫崎槌子明信片（1917年12月□日） /213

75. 周志伊致宫崎槌子函（1918年10月31日） /215

76. 周志伊致宫崎滔天函（1919年1月11日） /219

77. 周志伊致宫崎槌子函（1919年2月27日） /223

78. 周志伊致宫崎槌子函（1919年3月11日） /227

79. 周志伊致宫崎滔天函（1920年1月1日） /231

滔天先生道鉴：辰别
倏忽又一年矣咸戎
原包之告慰一切情形前次函
可東之时高已面陈可行
贊运西所黄兴参此虞
财政用罄以故延晨无气

古据友辰托古闲之所图
之件务望代为提挈
化日若有寸进哗
先生之助也此次赵
粤情形固之令之人气愤
那死雨气两以不惟宜冬

力以期固宗并部力固
蓉晨为孙公将为平
无气先生诸省同情古闲
凡近日中羊念之古闲之西
上时诸将立涂口涤花桥
口稿康洋旅辰武民作
黄呢军服一组黄呢外套

一件民衣物之尺码谅居店
知道洞张居之方先生便
知尔及来重废开垂
事会谋之便奉发行
以候 起居手此下候
近祉
奥样三正蔌
蔡济民

蔡济民致宫崎滔天函（1917年11月18日）

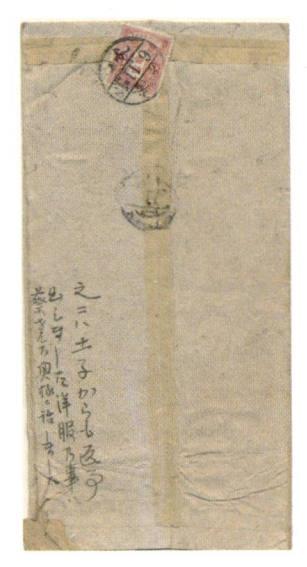
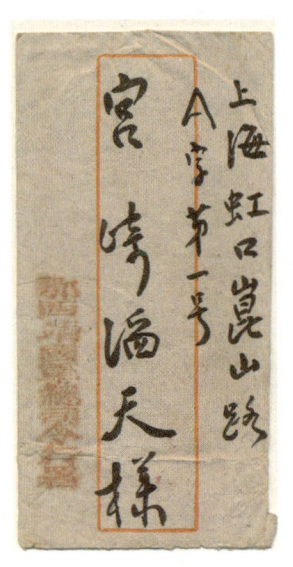

释读

滔天先生道鉴：

春间别后，忽忽一年，一事无成，无可告慰。一切情形，前古闲兄东下时，当已面陈，勿待赘述。所苦者，民贫地瘠，财政困难，以故延展至今，不能发展。托古闲兄所图之件，务望俯赐提挈，他日若有寸进，皆先生之赐也。孙公此次离粤情形，闻之令人气愤欲死。而今而后，不惟宜尽力以卫国家，并希力图发展，为孙公稍慰不平之气，先生谅有同情。古闲兄已返申否？念念。古闲兄西上时，请嘱在汉口后花楼口"福康"洋服店代民作黄呢军服一组，黄呢外套一件。民衣物之尺码，该店知道，问该店之方先生便知。兹因来重庆开军事会议之便，奉数行以候起居。手此，即候

近好

奥様に宜敷 [日文，问候尊夫人]

蔡济民

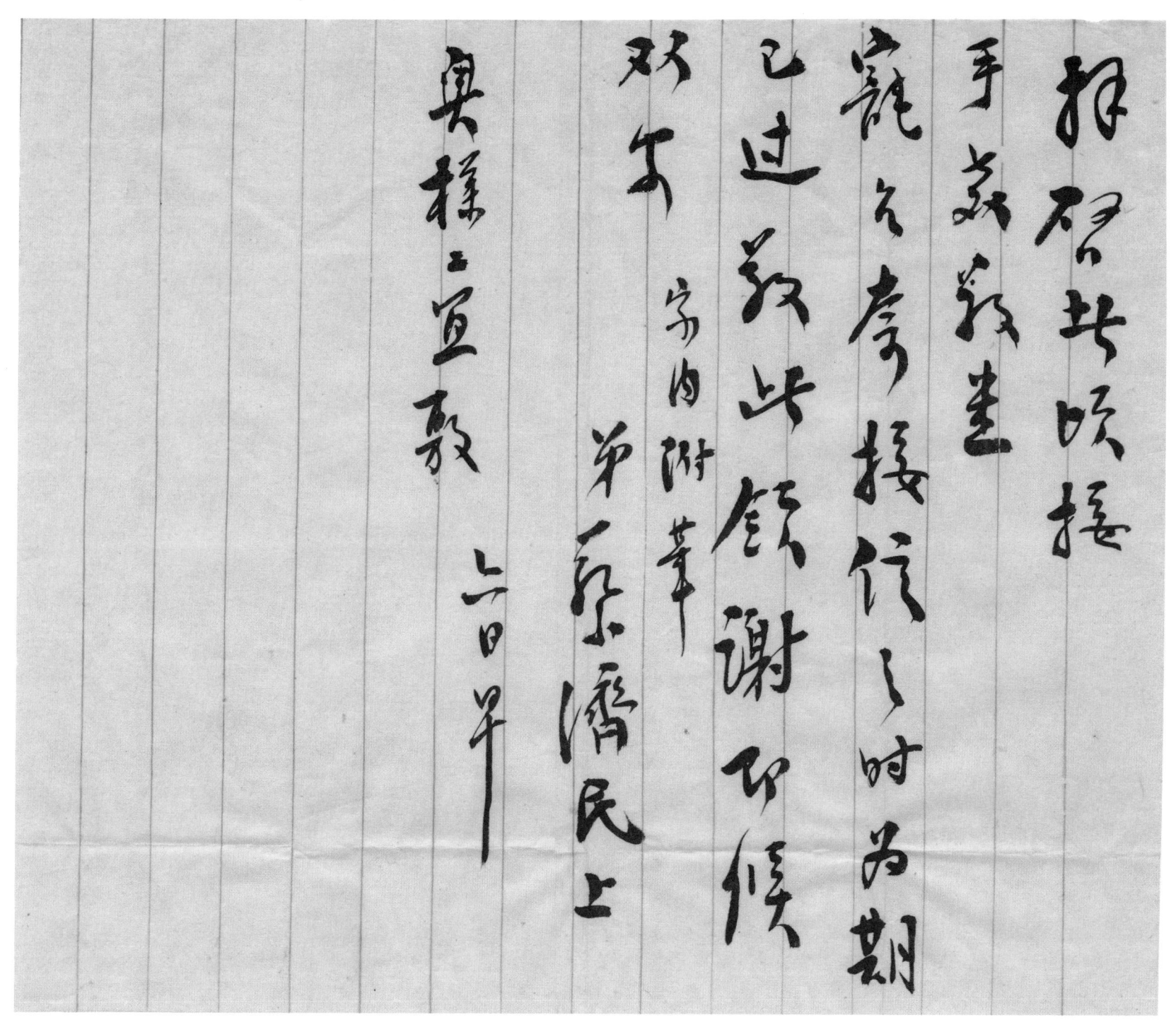

蔡济民致宫崎滔天函（1918年3月6日）

宫崎滔天家藏民国人物书札手迹（第五卷）

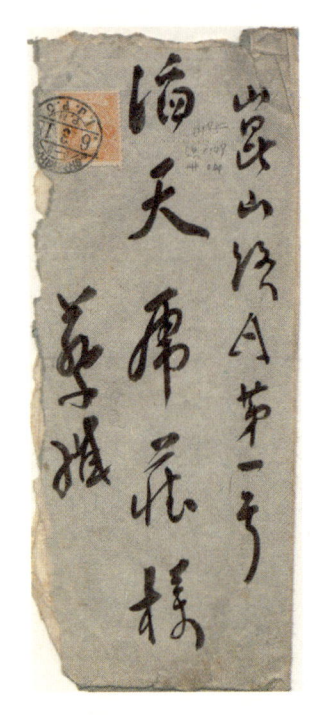

释读

拜启者：
　　顷接手教，敬悉宠召。奈接信之时，为期已过。敬此领谢！即候
双安！家内附笔
奥様に宜敷 [日文，问候尊夫人]

　　　　　　　　　　　弟蔡济民上
　　　　　　　　　　　　　六日早

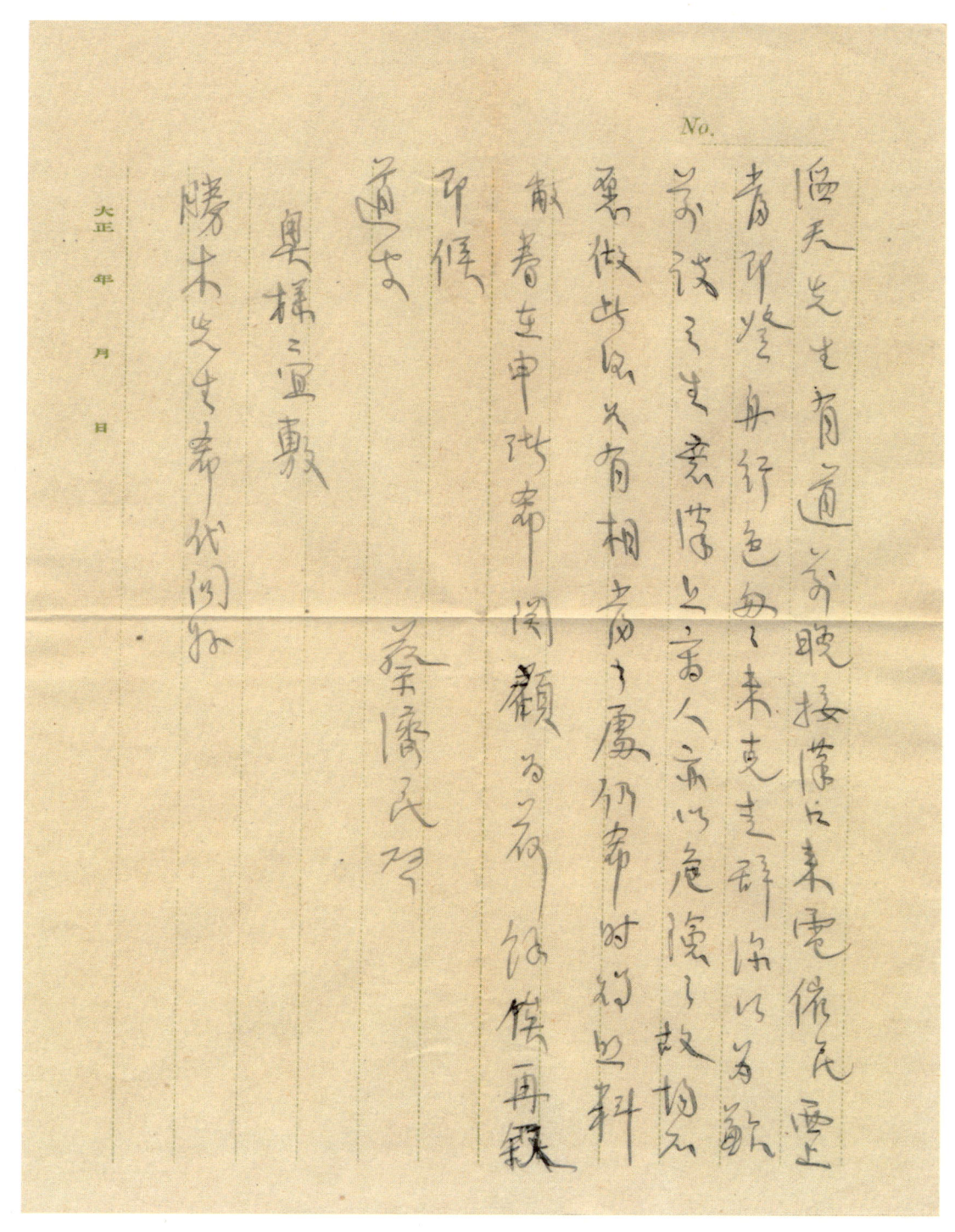

蔡济民致宫崎滔天函（1918年3月11日）

宫崎滔天家藏民国人物书札手迹（第五卷）

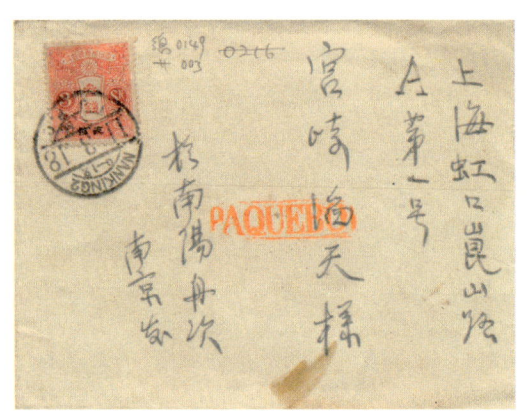

释读

滔天先生有道：

　　前晚接汉口来电，催民西上，当即登舟。行色匆匆，未克走辞，深以为歉。前谈之生意，汉上商人亦以危险之故，均不愿做。此后如有相当之处，仍希时得照料。敝眷在申，诸希关顾为荷。余俟再叙。即候

道安

奥様に宜敷 [日文，问候尊夫人]

胜木先生希代问好

蔡济民启

滔天先生同志先生佛鑒在長崎寺工一萄詠已達哥覽在長崎時承福島濱田兩先生特別優待船中各事莫不週備故於二十五日午後安全抵滬雖在諸公盛意之熱心同志蓋我公之阿福良多也晚辦以來月定未東京累乘赤當未孫公道德太高有時近於濛閉僞當先生多為佐正不僅茅墨之人之事福寶全國人民之生命有所托也飾不多及敢叩貴走人家同安
弟 邓恢宇叩
七月二十六日

邓恢宇致宫崎滔天函（1914年7月26日）

宫崎滔天家藏民国人物书札手迹（第五卷）

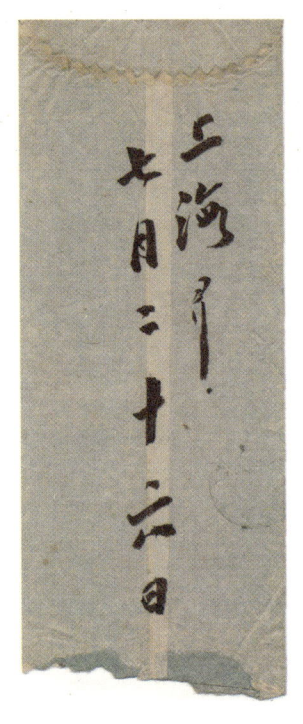 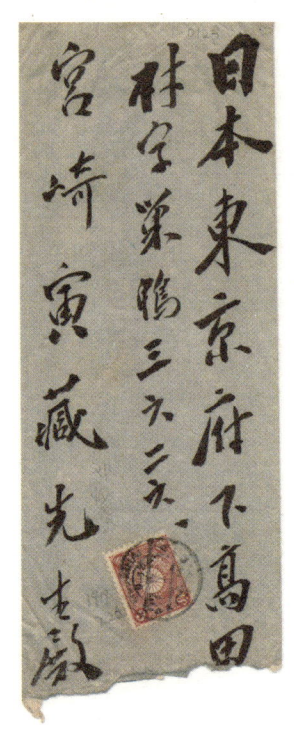

释读

滔天老同志先生伟鉴：

　　在长崎奉上一函，谅已达尊览。在长崎时承福岛、滨田两先先〔生〕特别优待，船中各节，莫不周备，故于二十五日午后安全抵沪。虽云诸公等之热心同志，盖我公之所赐良多也。晓柳兄来月定来东京，弟亦当同来。孙公道德太高，有时近于濛闭（指为小人所害），全赖先生多为佐正，不仅弟等一二人之幸福，实全国人民之生命有所托付也。余不多及，敬叩

暑安

贵夫人前问安

弟恢宇叩
七月二十六日

邓恢宇致宫崎滔天函（1914 年 8 月 4 日）

宫崎滔天家藏民国人物书札手迹（第五卷）

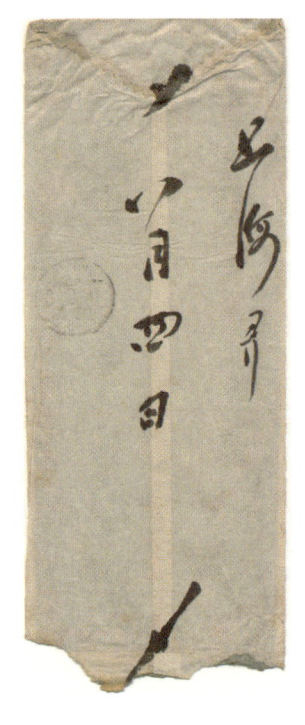
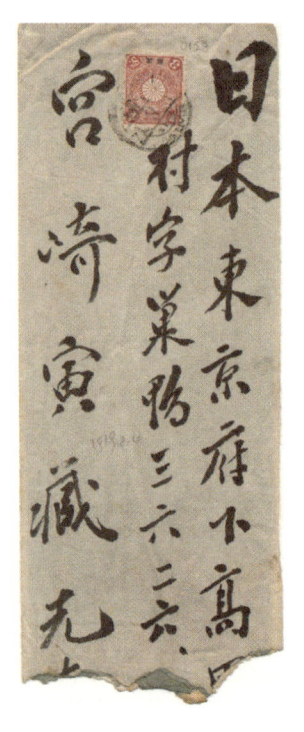

释读

滔天老同志先生伟鉴：

　　前日呈上数函，想均蒙赐览。自与公话别，不及二周，而全欧和平之局，遂变为亘古未有之战祸。噫！世间之事，岂可以意料耶！风潮之狂恶如此，以弟度之，彼辈国家之存亡，将来正未可谅也。贵国将勇兵强，进可以握东亚之大权，为英、俄所依重，静则可以作壁上之观，于国家有百利而无一害。敝国危亡，如一发千钧之际，政府如此恶劣，民党如此薄弱，当外强战祸之剧，灭亡间于一发。言之碎心，书之肠断，此时生无益，死亦无益。我公有何良法以教我？虽然，当此时机，亦民党最难得之好机会也。弟已有数函致中山先生处，举张颇多，听从与否，实未可知。弟忧心如焚，莫知所适。无论如何，万求先生赐教一二，是所至祷！中山先生处无论事之巨细，全赖先生维持矣。手此。敬叩

暑安

贵夫人前问安

邓恢宇百叩

再洋服请先生由邮局寄下为祷。

滔天老兄因志先生佛驾昨日未上面问候心殊念念在抱柳兄浮读未承教並承将无洋服寄来倾惊须眉有贵清神感激无似並请代向贵夫人致殷勤晓柳兄廉抽早日来东京因弟先生宝院视等毁又成影泡吉佳发遷令人不可思议或当为各军機所沮卿一笑歟洲戟将狂者不仍望敕成然令戒愤恨欲死公当归去教戒而兴柳兄不日来赎寺女子此故咐叮怀幸仲佛先贵夫人家请女正八月十七日

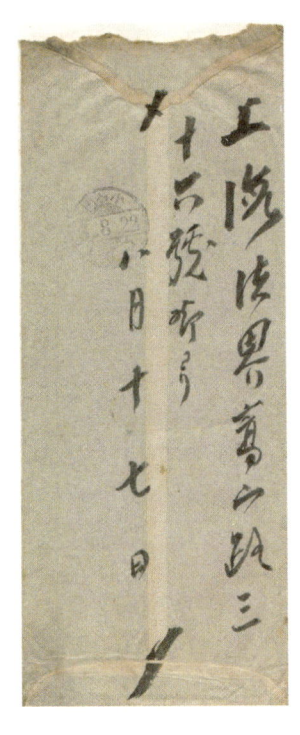 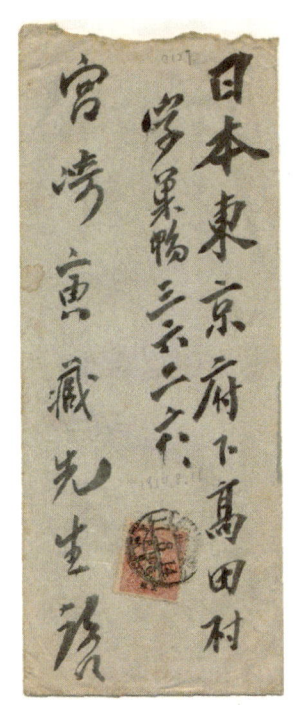

释读

滔天老同志先生伟鉴：

　　数日未上函问候，心殊念念。在晓柳兄处得读大示，敬悉并承将各洋服寄来，烦恼琐碎，有费清神，感激无似。并请代向贵夫人前致谢。晓柳兄原拟早日来东京，因孙先生处既认寄款，久之又成影泡，古怪变迁，令人不可思议，或当为各军机所沮耶？一笑。

　　欧洲战祸日极，吾人仍坐观成败，令我愤恨欲死。公当何以教我？弟与晓柳兄不久东渡，当面请教也。手此，敬叩

伟安

贵夫人前请安

弟恢宇叩
八月十七日

滔天先生佛鑒日來石贍甚念念，在曉兒處見談及暫難進行弟焦大示知其為商旅行而歸均弟狀莫可如何弟家已被工部局封門內子凍餒火焚天寒衣尚不給且死十許年為國到今日家破國亡可救妻子流離失所傷心慘目古今所罕有也弟石清已衰諸先生一方面彼從包君事迅速著手一方面將寬集此價格不拘祇求速成功年以上久學要教命毛件繞新大力成全不勝禱叨迫切之至特此專請
佛安　弟鄧恢宇叩
貴夫人蓉岡好
六日晚

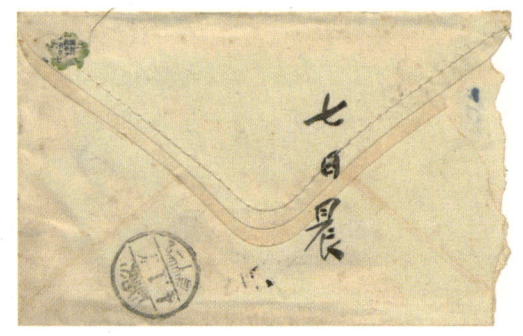
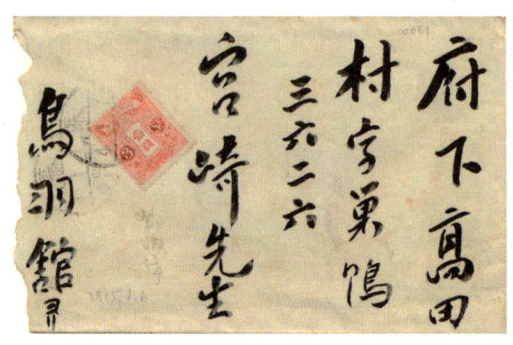

释读

滔天先生伟鉴：

日来不晤，甚念！甚念！在晓兄处见大示，知某商旅行未归，该事暂难进行，弟焦灼万状，莫可如何！

弟家（上海）已被工部局封门，内子冻馁（如此天寒，衣尚不绵，又无米炊）且死。十余年为国，到今日家破，国不可救，妻子流离失所，伤心惨目，古今所罕有者也。万不得已，哀请先生一方面从白君事迅速着手，一方面将字售出，价格不拘，只求速成功耳。

以上各紧要救命之件，统祈大力成全，不胜祷叩迫切之至！特此，敬请

伟安

贵夫人前问好

弟邓恢宇叩
六日晚

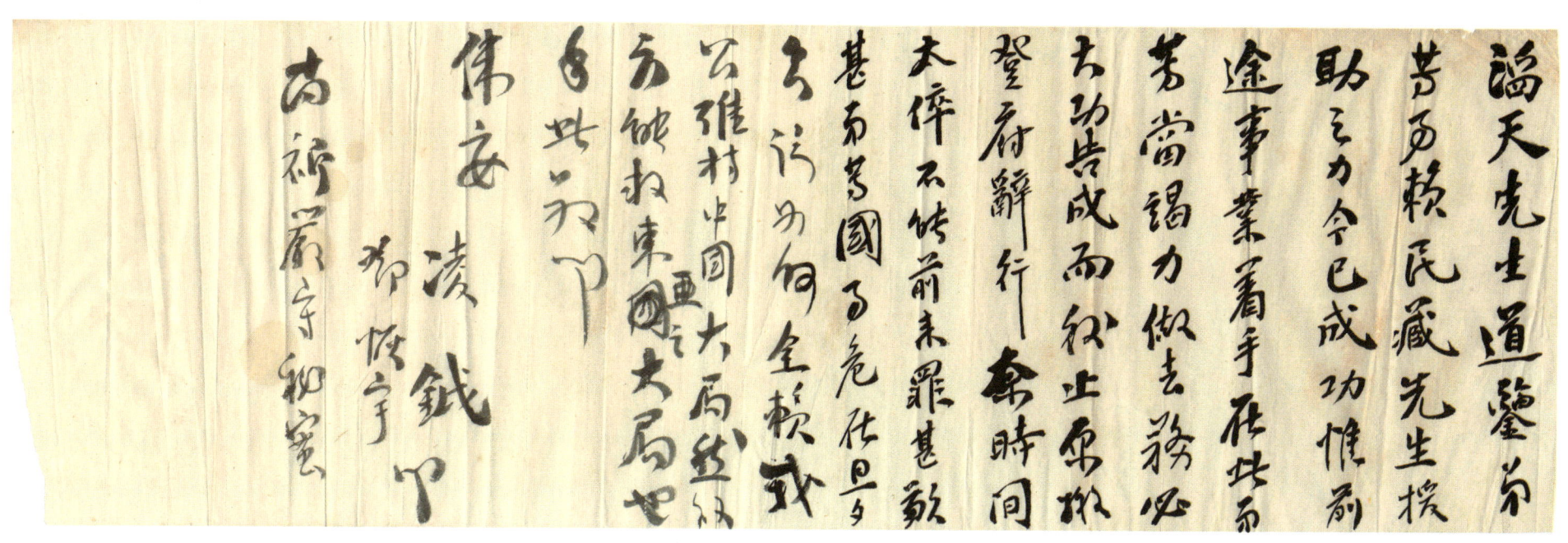

邓恢宇、凌钺致宫崎滔天函（1915年2月12日）

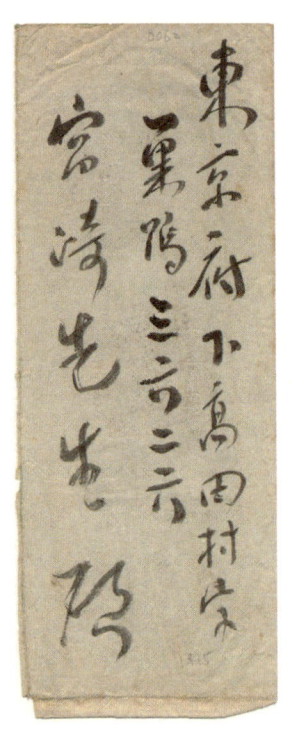

释读

滔天先生道鉴：

    弟等事赖民藏先生援助之力，今已成功。惟前途事业着手在此，弟等当竭力做去，务必大功告成而后止。原拟登府辞行，奈时间太倅〔猝〕，不能前来，罪甚！歉甚！弟等国事危在旦夕，出路如何，全赖我公维持中国大局，然后方能救东亚之大局也。手此，敬叩

伟安

凌　钺　邓恢宇叩

尚祈严守秘蜜〔密〕

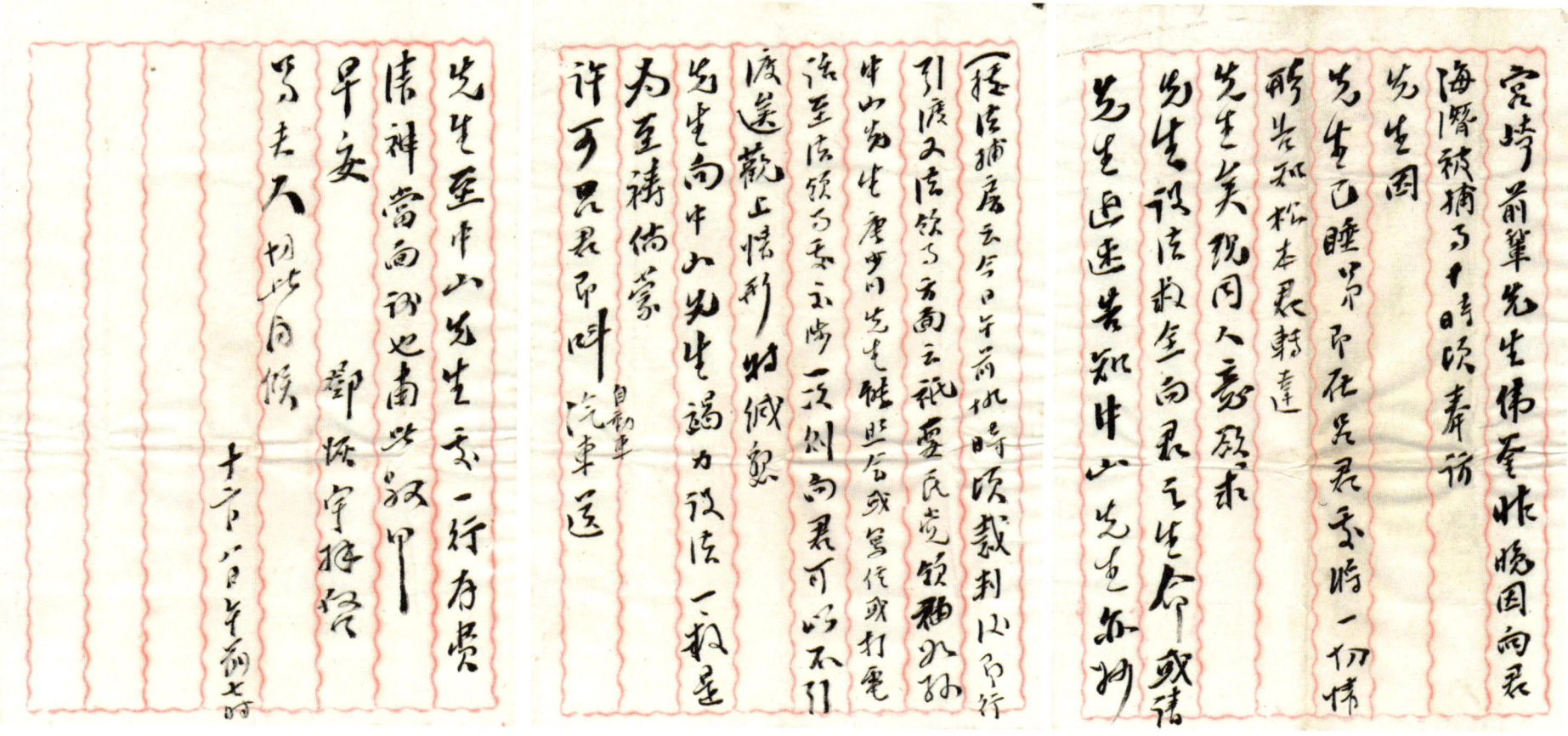

邓恢宇致宫崎滔天函（1915年12月8日）

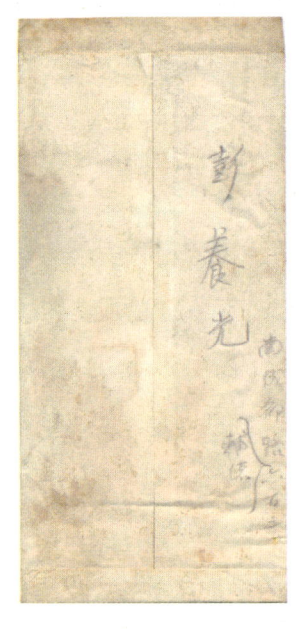
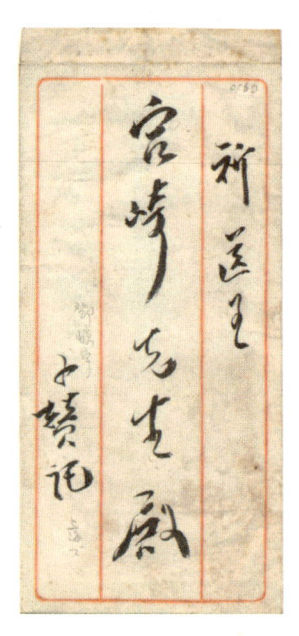

释读

宫崎前辈先生伟鉴：

　　昨晚因向君海潜被捕事，十时顷奉访先生，因先生已睡，弟即在吕君处，将一切情形告知松本君转达先生矣。现同人意欲求先生设法救全向君之生命，或请先生迅速告知中山先生亦妙。（据法捕房云，今日午前九、十时顷裁判后即行引渡。又法领事方面云，只要民党领袖如孙中山先生、唐少川先生能照会，或写信，或打电话至法领事处交涉一次，则向君可以不引渡矣。）观上情形，特缄恳先生向中山先生竭力设法一救，是为至祷。倘蒙许可，吕君即叫汽车（自动车）送先生至中山先生处一行。有费清神，当面谢也。肃此，敬叩

早安

尊夫人均此问候

邓恢宇拜启

十二月八日午前七时

敬啓者不通音問一載於茲思慕之情無時或釋敝邦不幸政變迭乘屢承
先生主持人道急力扶持隨加保護弟及全人無不感
恩戴德此次袁賊世凱違法營私強姦民意欲以吾同胞千辛萬苦製造之中華民國攫為個人之私產凡我全人無不痛心切齒欲得而甘心焉幸
貴國政府顧念邦交洞悉袁之奸詐警告頻來此雖
貴國政府實行維持東亞和平未始非
先生提倡鼓吹之力也將來大事告成敝邦政治從此改良獲益誠非淺鮮而
先生之大同主義當亦稱美於全球當此歐洲戰事正在激烈之中英法俄諸國自顧不遑萬難計及東亞此次敝邦之政爭及將來之成敗不得不依賴
貴國之維持而
貴國政府之主張及
貴國人民之趨向全賴
先生之鼓吹此敝邦同志無不馨香禱祝者也刻下滇黔上軍所向無敵湘鄂一帶響應亦在目前袁氏之詭計雖多恐不久亦將勢窮力竭矣弟近亦力圖進行以盡天職倘有能力不及之處仍望
先生急力扶助騙除此賊敝邦幸甚同志幸甚
宮崎民藏先生殿

鄧恢宇印

 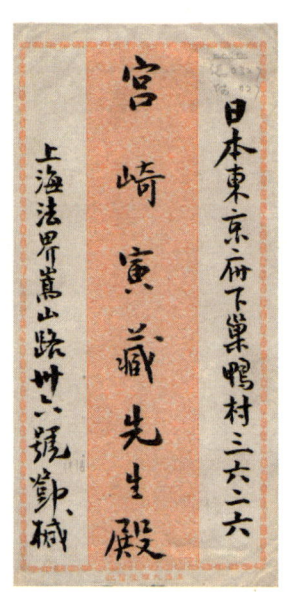

释读

敬启者：

不通音问，一载于兹。思慕之情，无时或释。敝邦不幸，政变迭乘，屡承先生主持人道，急〔极〕力扶持，随加保护，弟及仝人无不感恩戴德。此次袁贼世凯，违法营私，强奸民意，欲以吾同胞千辛万苦制造之中华民国，据为个人之私产。凡我仝人，无不痛心切齿，欲得而甘心焉。幸贵国政府顾念邦交，洞悉袁之奸诈，警告频来，此虽贵国政府实行维持东亚和平，未始非先生提倡鼓吹之力也，将来大事告成，敝邦政治从此改良，获益诚非浅鲜，而先生之大同主义，当亦稗〔媲〕美于全球。当此欧洲战事正在激烈之中，英法俄诸国自顾不遑，万难计及东亚。此次敝邦之政争及将来之成败，不得不依赖贵国之维持；而贵国政府之主张，及贵国人民之趋向，全赖先生之鼓吹，此敝邦同志无不馨香祷祝者也。

刻下湘黔民军，所向无敌，湘鄂一带，响应亦在。目前袁氏之诡计虽多，恐不久亦将势穷力竭矣。弟近亦力图进行，以尽天职。倘有能力不及之处，仍望先生急〔极〕力扶助，驱除此贼。敝邦幸甚！同志幸甚！

宫崎民藏先生殿

邓恢宇叩

滔天老同志先生道鑒 敬啓者奉讀大示敬悉 先生三十載為吾國奔走一身以外犧牲淨盡 弟公誼私情理應誠心誠意殷勤招待為國為友皆永遠不能忘情也 先生來緘過於謙遜弟反抱不安內子煊事承垂念感德無似在任處已注射七度大見奇效雖未全然斷根再加救度必定斷絕也袁君處 先生緘已特閱袁君甚感激並囑致意江西進賢炭坑炭見本昨日由郵寄到上海炭賀甚佳擬送三菱化驗部化驗始知其成分據南昌之化驗云較之樂平炭高百倍現出之炭皆五天深之炭向僉深炭賀愈佳昨日李君自備旅費起程往江西進賢取礦山圖樣及實業廳印批（即許可證）各種證據物並察看現間之礦窿情形以作上海方面銀東信用之準備以便速取進行李准十日內回上海候龜井一兄未滬進行萬祈 先生催龜井兄迅速回上海以免延誤時機也 先生現王君存有確實欠在上海正金銀行額在十萬以上足以作信用押滙務乞 先生給介一實在礦主以成全此事則安先之利益吾人必操左券矣王君雅在北京亦在十日內外回滬此事乘求 先生催龜井兄從速進行令公子重作麻布荳油兩商進行弟當負完全責任相助也餘續述敬叩佛安令夫人前叩安
萱野先生處致意 龜井一先處致意
小弟鄧恢宇敬叩

邓恢宇致宫崎滔天函（1916年4月2日）

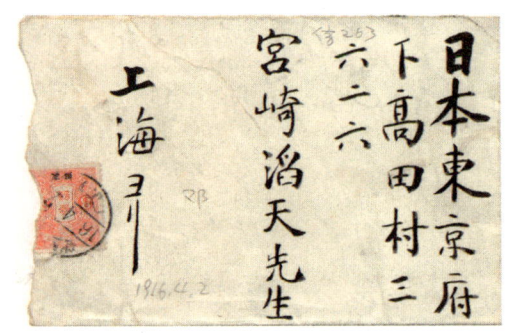

释读

滔天老同志先生道鉴：

敬启者：奉读大示，敬悉先生三十载为吾国奔走，一身以外，牺牲净尽。弟公谊私情，理应诚心诚意，殷勤招待，为国为友，皆永远不能忘情也。

先生来缄过于谦逊，弟反抱不安。内子烟事承垂念，感德无似，在住处已注射七度，大见奇效，虽未全然断根，再加数度，必定断绝也。袁君处先生缄已转阅，袁君甚感激，并嘱致意。江西进贤炭坑炭见本[日文，样品]，昨日由邮寄到上海，炭质甚佳，拟送三菱化验部化验，始知其成分。据南昌之化验云，较之乐平炭高百倍。现出之炭，皆五尺深之炭，闻愈深炭质愈佳。昨日李君自备旅费，起程往江西进贤取矿山图样及实业厅印批（即许可证）各种证据物，并察看现开之矿窿情形，以作上海方面银东信用之准备，以便速即进行。季准十日内回上海，候龟井一兄来沪进行。万祈先生催龟井兄迅速回上海，以免延误时机也。王统一之贩卖石炭，想龟井兄已详细奉告先生。现王君存有确实款在上海正金银行，额在十万以上，足以作信用押汇。务乞先生绍介一实在矿主，以成全此事，则安全之利益，吾人必操左券矣。王君虽在北京，亦在十日内外回沪，此事亦求先生催龟井兄从速进行。令公子重作兄麻布茶油两商进行否，弟当负完全责任相助也。余续述。敬叩

佛安

小弟邓恢宇敬叩

令夫人前叩安

萱野先生处致意

龟井一兄处致意

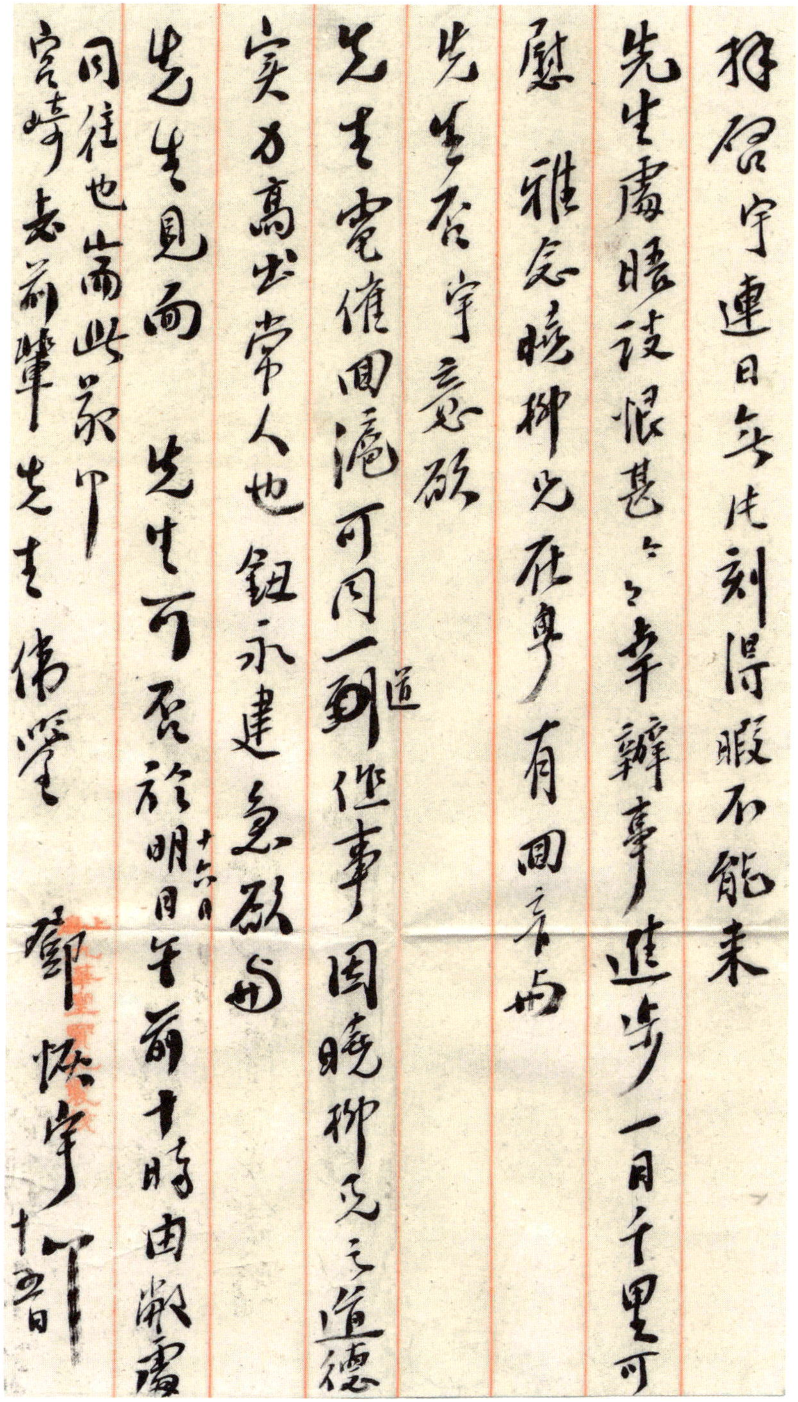

径启者连日匆匆刻得暇不能来
先生处晤谈恨甚々幸辨事进步一日千里可
慰 雅念晓柳兄在东有回音否
先生意欲
先生电催回沪可同一到浙办事因晓柳兄之道德
实为高出常人也钮永建急欲和
先生见面 先生可否于明日午前十时由渐电
同往也 甫此恭叩
宫崎志前辈 先生 伟鉴
　　　　　　　　　邓恢宇十四日

邓恢宇致宫崎滔天函（1916年5月15日）

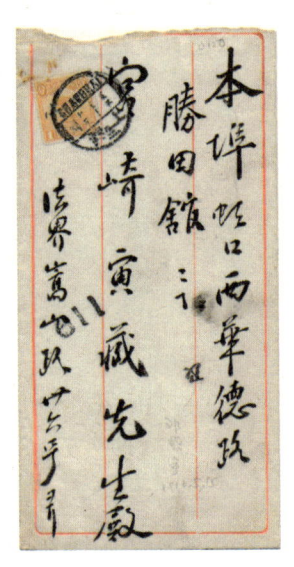

释读

拜启：

　　宇连日无片刻得暇，不能来先生处晤谈，恨甚！恨甚！幸办事进步，一日千里，可慰雅念。晓柳兄在粤，有回音与先生否？宇意欲先生电催回沪，可同一道作事，因晓柳兄之道德实力高出常人也。钮永建急欲与先生见面，先生可否于明日（十六日）午前十时由敝处同往也？专此，敬叩

宫崎老前辈先生伟鉴

邓恢宇叩

十五日

滔天先生偉鑒：頃澗西踰蟬聲倍極，南冠客思入乎北方，霊耗希東支迴因車，前與令咸前田先生磋商次欵問題，轉達左右，想已與前金一切實計議，聞現將有成局仍希助力為幸日者

西南局勢仍屬糊塗，中山擔其新堂
入粵恰似初婚之贅婿，打佳月餘不識仕為何事，為胡果亭一省長而不可得，竊可知中現與舊同志陳漢欽及西滇未之劉少亭等以復舊鄙運動青
徐徐之音銕張文生即張勳之有力共因張勳六帆艘投鮮與之接洽
海州之音銕白寶山一帶與毛士珍金家閏事高士憲為有關係有為力
切實聯合攻收大江南北得寸進尺一面

合滇替庚龁鳴廣東鐸池一致揭北幹
於中山則毀壞揭陳逵因鄉之態度而中山託植之堂則不能讓其事糢而不干涉
但汕銕之者經濟問題不能不進步
已據近調查自前明以來未曾使用鋼幣古鋼割錢不知凡幾中等計畫佔領
故舊頃數計上海及江南北之廢鐵舊銅
一處即將一處所蓄變賣以作軍費

非於此不足以籌欵，即不能速一切或前興令咸前回先生
皖各遊督揭亂中止，現中興同志等立此間於青徐淮海倘令所部布置完
善急待進發，但彼動費無着重灼萬狀，我公東登偉人與中華公私受匯切去，談篤敢直陳諸枉懇者
貴國賞家必有逆機投資于此項富强者

懇介紹前來早日許約戒電匯致
書面佳約或派專員與中直接立約是不有當恰聽

鳴戈酬奪花乃不穢任命之至專此緘佈，惟立此佳音千叮
秋安   書鄧恢宇謹啓九月三
前田下學九二四先生均此致意

宫崎滔天家藏民国人物书札手迹（第五卷）

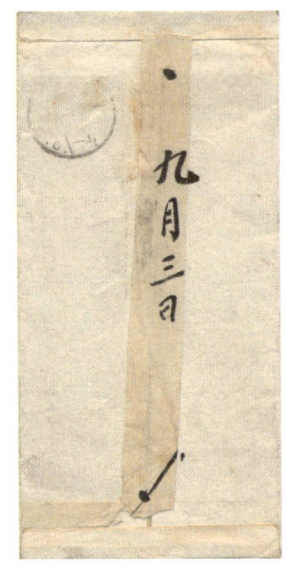 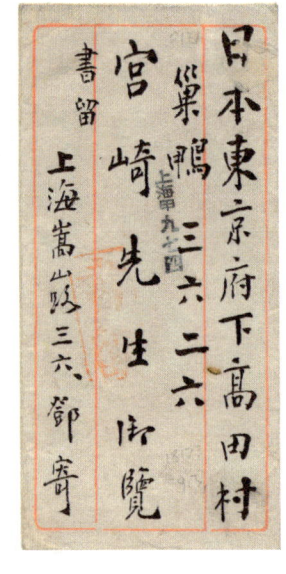

释读

滔天先生伟鉴：

　　顷闻西陆蝉声，倍极南冠客思；又得北方噩耗，惟希东友匡扶。前与令戚前田先生磋商大借款问题，同在唐少川君接洽数次，并面托前田先生转达左右，想已与前途切实计议。闻现将有成局，仍希助力为幸！

　　日者西南局势仍属糊涂，中山携其新党入粤，恰似初婚之赘婿，打住月余，不识所为何事。为胡某争一省长而不可得，余概可知。弟现与旧同志陈汉钦及由滇来之刘少亭等收获旧部，运动青徐（徐州之首领张文生，即张勋之有力者，因张勋亦恨段，故能与之接洽）淮海（海州之首领白宝山亦甚有力）一带，与毛士珍（毛之同事高士奎亦弟有关系）切实联合，攻取大江南北，得寸进尺，一面联合滇督唐蓂庚、武鸣陆干卿，一致捣北。对于中山，则暂持殊途同归之态度。而中山新植之私党，则不能让其专横而不干涉。但所缺乏者经济问题，不能不切实研究者也。据近调查，上海及江南北之废铁旧铜，以数十万吨数计。自前明以来，未曾使用纸币，古铜制钱之储蓄，不知凡几。弟等计划占领一处，即将一处所蓄变卖，以作军费。非于此不足以筹款，即不能进行一切也。前与令戚前田先生等所经营，即其事也。因免段职，各逆督捣乱中止。现弟与同志等在此间于青徐淮海均令所部布置完善，急待进发。但发动费无着，焦灼万状。以我公东亚伟人，与弟辈公私交谊均甚诚笃，故敢直陈。兹拜恳者：贵国资本家必有趁机投资于此项商务者，恳即迅速介绍前来，早日订约。或电汇款书面结约，或派专员与弟直接立约。是否有当，均听鸿裁，酌夺施行，不胜待命之至！专此缄肃，立盼佳音。手叩

秋安

　　　　　　　　　　　　　　　　　　　　　　　　　　弟邓恢宇谨启

　　　　　　　　　　　　　　　　　　　　　　　　　　九月三号

前田下学、前田九二四先生均此致意

滔天老同志前輩先生偉鑒一
元復始萬象更新我
公辛苦經營為社會造福定當
年歲一年可為預賀者矣敬啟
者弟與孫毓筠兄屢承
惠顧復賜以新歲宴賞最近承
全力籌辦借歡聞指日即可告成
欣喜之情當激應院徽國南北

情形報紙所傳大同小異北
京政府之命令久已等於走虛
文近日發布所謂停戰布告者
業已發布北方駐地點而北
不調回北方原駐地點而北
方軍隊尚向南方進發叛
贊軍倪士冲曹錕張懷芝
楊善德輩暗布所部夫有

圍攻南京之勢現李督軍時
遣代表至孫兄處商權時局願
與西南一致行動此吾人之
進步可見北方譜人無陰
戰之決心況今日情狀批事雖
烈欲我一揚實無和平之可
望孫兄於皖事現正極力進
行不遺餘力弟亦從中撥任一

部分弟之目的在先慈頓一
省不難模範一國今財政上阮
公之磚助皖之鄰省又有
李陳兩督軍為之暗援蘇贊
同志陳光遠始非吾人之
六我可監會議先烈左天之
靈也近日孫兄常與弟言之

財政軍事尚希
宏獻碩畫為之指導如承
不憚煩勞乞中
命駕來華不勝䀌盻禱
臨楮依依伫候
明教專此敬請
道安並祝
貴府吉吉 小弟
　鄧恢宇再拜
七年元日

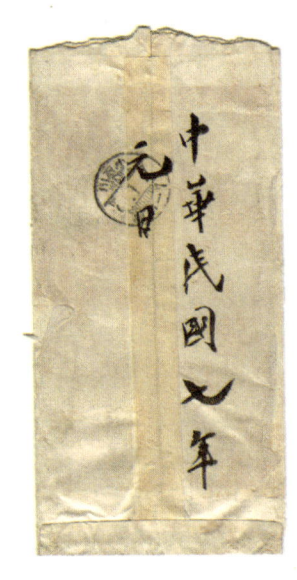 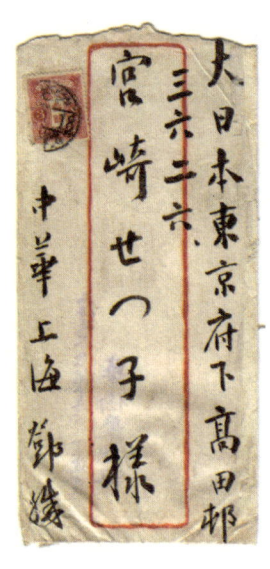

释读

滔天老同志前辈先生伟鉴：

一元复始，万象更新。我公辛苦经营，为社会造福，定当年盛一年，可为预贺者矣。

敬启者：弟与孙毓筠兄屡承惠顾，复赐以新岁宴赍。最近承全力筹办借款，闻指日即可告成。欣喜之余，盛激靡既。敝国南北情形，报纸所传，大同小异。北京政府之命令，久已等于虚文。近日有所谓停战布告者业已发布，不独南方之北兵不调回北方原驻地点，而北方军队尚向南方进发。叛督军倪士〔嗣〕冲、曹锟、张怀芝、杨善德辈，暗布所部，大有围攻南京之势。现李督军特遣代表至孙兄处，商榷时局，愿与西南一致行动。此吾人之进步可见。北方诸人无停战之决心，况今日情状非轰轰烈烈激战一场，实无和平之可望。孙兄于皖事现正猛力进行，不遗余力，弟亦从中担任一部分。弟之目的，在先整顿一省，不难模范一国。今财政上既得我公之臂助，皖之邻省又有李陈两督军为之暗援（苏督李纯、赣督陈光远始非吾人同志，所以难于通融款项），或可大告成功，亦我同盟会诸先烈在天之灵也。近日孙兄常与弟言之财政军事，尚希宏猷硕画，为之指导。如承不惮烦劳，乞叩命驾来华，不胜盼祷。临楮依依，伫候明教。专此，敬请

道安，并祝

贵府均吉

小弟邓恢宇再拜

七年元日

滔天同志先生道鑒 接讀東函敬知
道謨早慶復元欲慰無以夫
先生因久抱救國救民之顧望對于中日兩
國前途尤為遠而且宏此次難抱薪而旋
古勿藥安知非吉人天相苗之使貫徹其初
衷耶為
先生賀更為東亞前途賀也瀲
頻年頃者天予時機北菌鮮體義軍入贛
古道可風東望扶桑距躍三百至
瞻械與競馬揚事並請同時進行早收效果無任
盼禱
先生何時來滬除祈
望活動友邦仗義
先生大力維持昨龜井君來函謂可于最短時間希
着手惟經濟缺之還仗
統指令下游響應收復江蘇一俟布置粗完即行
已通南昌飲馬長江當不遠矣 永建現奉孫大摠
預賜示知以便歡迓 天氣漸熱望
珍攝為佳專肅祇叩
道安
　　　　　　　　　弟 鈕永建
　　　　　　　　　　鄧恢宇 同叩
六月九日

邓恢宇、钮永健致宫崎滔天函（1918年6月9日）

释读

滔天同志先生道鉴：

接读东函，敬知道体早庆复元，欣慰无似。夫先生固久抱救国救民之愿望，对于中日两国前途，尤为远而且宏。此次虽抱采薪，而旋占勿药，安知非吉人天相，留之使贯彻其初衷耶！为先生贺，更为东亚前途贺也。敝邦不幸，俶扰频年。顷者天予时机，北酋解体，义军入赣，已逼南昌，饮马长江，当不远矣。永建现奉孙大总统指令，下游响应，收复江苏。一俟布置粗完，即行着手。惟经济缺乏，还仗先生大力维持。昨龟井君来函，谓可于最短时间，希望活动。友邦仗义，古道可风，东望扶桑，距跃三百。至购械与竞马场事，并请同时进行，早收效果，无任盼祷。先生何时来沪，务祈预赐示知，以便欢迓。天气渐热，望珍摄为佳。专肃。祗叩

道安

弟钮永建
邓恢宇 同叩
六月九日

宫崎夫人殿敬启者

夫人起程之日未能登船送行罪甚　来书
阅悉抵歇屠村山主李君来城云新画矿区
非常欢悦冬论三四千亩至一万亩皆可随
吾人之兴磁现正待吾人之技师测绘至於
射术及实业厅约容易辨好候已将李械交
龟井君手矣如束京继致能到候即登山到
李家交涉进行望

夫人安心屠矿以外浙江之一事
八百亩之煤炭矿亦极好着手斯江之铜
矿每屡来向吾人之消息近又有友人介
绍江匕一重石露矿矿山极大约华里一百里
遍山皆重石露外多污行人均可自由挖
取现佳山主一人收买闹揉每日可出此十哓
人身可出多货主人愿意卖脱成分七
十八二元以上运至上海有二百余顺

珂请龟井君介绍买主为
夫人处有欲意辨重石矿之贤本家别此
事易於成功心湘潭个铁矿主亦来该
铁矿正在闹挖出矿不少吾人能到彼处
制炉锅镕化炼锕铁板可获大利以外尚
有水口山同样之银铝矿煤炭矿淤汁餘
处部照前图皆完全一候湘南方面稍
老静可以大为进行也师山西大同卖炭

之主人冯君来沪云该炭每年确售出
五万吨夫见本运底鈐本洋约三十啵是
三十吨见冯君来见草约三百吨日当有
仲或能订草约冯君仅上海商会长
朱葆三之外甥至北方官中极有势
力谋三之此圆友易成功昨末可俟命鼎叶之
矿山及此一切有利益之事业従之俟以
夫人之託当竭死力进行实業以達吾

释读

宫崎夫人殿：

　　敬启者：夫人起程之日，未能登船送行，罪甚！近又未致书问候，抱歉！

　　屠村山主李君来缄云新画矿区，非常欢悦。无论三四千亩至一万亩，皆可随吾人之所欲，现正待吾人之技师测绘。至于县衙及实业厅，均容易办好。仆已将李缄交龟井君手矣。如东京汇款能到，仆即登山到李家交涉进行。望夫人安心。

　　屠矿以外，浙江安庆间之一千八百亩之烟炭矿，亦极好着手。浙江之铝矿，亦屡来问吾人之消息。近又有友人介绍江西一重石矿，矿山极大，约华里一百里，遍山皆重石露外，无论何人，均可自由挖取。现经山主一人收买开采，每日可出七八十吨，人多可出多。货主人愿意卖脱，成分七十八（パーセント[日文，百分之]）以上，已运来上海者有二百余吨，正请龟井君介绍买主。如夫人处有愿意办重石矿之资本家，则此事易于成功也。

　　湘潭之铁矿主亦来缄云，该铁矿正在开挖，出矿不少，吾人能到彼处制炉锅熔化炼铁板，可获大利。以外尚有水口山同样之银铝矿、烟炭矿总计十余处，部照部图皆完全，一俟湖南方面稍安静，可以大为进行也。

　　昨山西大同卖炭之主人冯君来沪，云该炭每年确能售出五万吨，天见本[日文，样品]二百斤已带来。不日当有三十吨见本[日文，样品]运沪，铃木洋行见三十吨见本[日文，样品]后，或能订草约。冯君系上海商会长朱宝三之外甥，在北方官场中极有势力。渠云此回交易成功，渠可绍介最好之矿山及一切有利益之事业。

　　总之，仆受夫人之重托，当竭死力进行实业，以达吾（续下页）

八三年未来成功之目的，俾能顺手进行。且
以提倡日华真正亲善之事业，保全东
亚之和平，刻不可员。
夫人一片佳誉宽素之苦心，聊可以报
滔天先生辛苦心孤诣为吾国救之之
美意恨一时运恶，目前实难支持。万一
夫人设法救急，能代筹壹四百円寄庵
刻不至倒下处怖读。

夫人手书南下宇先生给何正尾改一切
北力会社山学使成功卖佳妙正征催定
当尽忠尽孽援助此美挥断不至不发
达。如屠村俾吉人实业之基本银生一到
了，刻进行藝村南来到岸，现耐更耳黑石
黒厄大抵一圆内可以到此王廣宽兼
庵借致壬一亭玄弓致織澤村令基程
山肴磁看以或可芝借救千元王廣宽

太石道德澤村知太要信句如何未可
走之能债上妨了
福安
　　邓恢宇百叩
　十二月十六日
滔天前筆先生前問安
合宅连吉

再啓者此字纸入封筒时又接
准阳历十二月十七日到上海学之
得屠村碰主李倍英手纸云僕
相夜新磃厄车，僕已告知亀井之
萬祈
夫人火速派人来華或齊
數千万不可錯過機會為叩
宫崎夫人匴
　　邓恢宇又叩

释读

（接上页）

人三年未成功之目的。倘能顺手进行，即可以提倡日华真正亲善之事业，保全东亚之和平，则不负夫人一片经营实业之苦心，聊可以报滔天先生二十余年苦心孤诣为吾国救亡之美意。恨一时运恶，目前实难支持，万恳夫人设法救急，能代筹画日金四百元寄沪，则不至倒下也。

昨读夫人手书，由下学先生绍介在沪设一（ブルカ）会社，此举能成功，实佳妙已极，仆定当尽忠尽瘁，援助此美举，断不至不发达也。屠村系吾人实业之基本，银主一到，即刻进行。蔡村尚未到炭，现山中所见者黑石黑泥，大概一周内可以到炭。王鹿宾又来沪借款，王一亭云，即致缄泽村，令其往山看矿，看后或可先借数千元。王鹿宾太不道德，泽村亦太恶，结局如何，未可定也。余续上。敬叩福安。

滔天前辈先生前问安。

合宅迪吉

邓恢宇百叩

十二月十六日

再启者：此手纸[日文，信函]入封筒时又接得屠村矿主李倍英之手纸，云：李准阳历十二月十七日到上海与仆相谈新矿区事。仆已告知龟井兄。万祈夫人火速火速派人来华或寄款，千万不可错过机会为叩。

宫崎夫人殿

邓恢宇又启

宮崎夫人殿 前上一緘想已覽屠村
主李来上海見面後即催新礦區事宇即為
龜井兄對電東京云不必發電
東京當有確實報告對於李君
多言對待祇盼完竟葬其新回家相待
李云再候的四禮拜待東京之賞本家
宇思李君對宇顏有誠心不過再遲
李云再待四電朝則不成功也因他人佳譽者不少也

此事望 夫人速令賞本家来上海佳譽
厚新礦區尚未為曉倘再遲列 尚方失望
注意為禱重石礦見本付上此在江西頗卅
華里三百里內皆礦時多件器械儀
人工而重石成分高近廣東之價
化驗儀七成三或七成バミントン
借款向樓那獲天利山中樓毎噸人二貫
二三拾元而出路角通可道數之廣東便

利也致宇商辦此事係直接非侵上口
力手者非常悔實萬今錯誤懇
夫人於今一碓實賞本家商挖此此事
請快回信為禱宇妻病尚未愈家少一錢
多用非常難飲維持昨月見儀侶君
笑向宇之近情如何贈宇一百元零用
稍可數行一時而已陰歷年末差四百円

支刖金二百円文三百之信
月澤非倒不可昨邑眺世之電召債已成局

释读

宫崎夫人殿：

前上一缄，想已御览。屠村主李君来上海见面后，即催新矿区事。宇即商龟井兄，致电东京。龟井兄云，不必发电东京，当有确实报告来沪。宇对于李君无言对待，只好宛〔婉〕言劝其暂回家相待。李云再候约三四礼拜，待东京之资本家。宇思李君对宇颇有诚心，不过再迟（李云再待四星期）则不成功也，因他人经营者不少也，此事望夫人速令资本家来上海经营屠新矿区，尚未为晚，倘再迟则无方法，望注意为祷。

重石矿见本［日文，样品］付上，此山在江西赣州，华里三百里内皆矿山，掘时无须器械，仅人工，而重石成分高过广东十倍。见本［日文，样品］到处化验，普通系七成三或七成七（パーセント［日文，百分之］），能照何先生之意借款开掘，非获大利不可。山中掘挖每吨人工费二三十元而已，出路亦通河道，较之广东便利。山主急欲宇开办此事，系直接非经プロ力手［日文，专业］者，非常确实，万无错误。恳夫人绍介一确实资本家开挖何如？此事请快回信为祷。

宇妻病尚未愈，家中一钱无用，非常难于维持。昨日见唐绍仪君，渠问宇之近情如何，赠宇一百元作零用，稍可敷衍一时而已。阴历年末，至少之数，无四百円日洋（支那金二百余元三百元□）非倒不可。昨见姚先生电，公债已有成局，（续下页）

则会问题然难实可成否如不成功或成功迟万愁

支人谓方筹日币四百月为卟分谴是祷

崇矿颜多上海日人银主放不易办及

果下学先生之公司可以成立则万事皆

可顺手办理令东手之愚也浙江之铅湖

潭之铁少合进行之踢不以便回该两处

之城上海之助列行召对有颜多此因不

警业之法不和中国舆情将来极难发展

倘专军之今司成功必胜於徒筹之万万

因下学先生及能介之皆知中国之国情人

情诸事易於磋商且二君有真正觐善

之道必能隆及对卟

祷安 卟

滔天老高筆先生佛夸

邓恢宇卟
十二月廿三

下午七字九四叩先生着
合府均安

邓恢宇致宫崎滔天夫人函（1918年12月23日）（二）

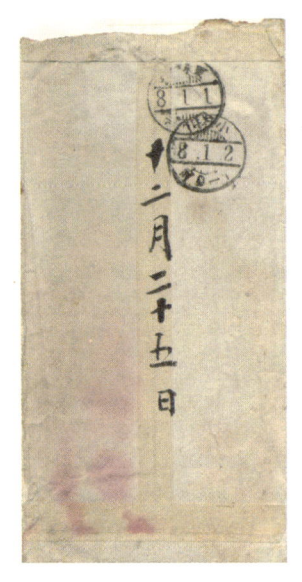
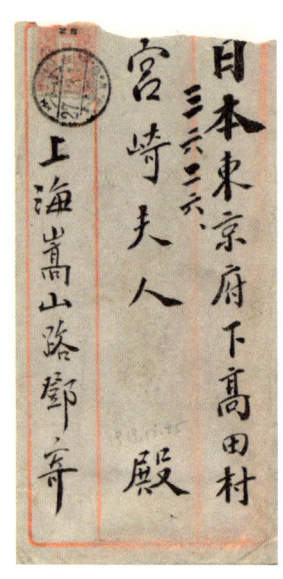

释读

（接上页）

则无问题，然确实可成否？如不成功，或成功迟，万恳夫人竭力筹日币四百円为叩，祈勿误是祷。

　　炭矿颇多，上海日人银主颇不易办，如果下学先生之公司可以成立，则万事皆可顺手办理，无束手之患也。浙江之铝、湘潭之铁如何进行，乞赐示，以便回该两处之缄。上海之取引[日文，交易]所反对者颇多，皆因不知营业之法，不知中国之商情及人情，将来极难发展。倘吾辈之公司成功，必胜于彼辈之万万，因下学先生及龙介兄皆知中国之国情人情，诸事易于磋商，且二君有真正亲善之道也。余续及。敬叩

福安

并叩

滔天老前辈先生伟安

邓恢宇叩

十二月二十三

下学先生及九四郎先生并合府均安

宫崎夫人御覧。云南錫礦借金一事，因
云南政府民云南有議會之定，倒有論何
種借金以九四列手為定。雖趙伸芸云
継米治天先生及夫人之援助如能成功
非獨趙芸唐継堯芸之感激不淺，趙芸又請
紹介人暫盡義務，成功之日定送華
金三萬元作報酬費報酬 夫人及宇

等云云。萬丁慮允可趙芸即趙
耗來日本也屠村礦主李芸在滬
等待二週間實。危令銀主未來李
芸敞不能久待也。夫人給令之銀之
主何日未滬對於李之感。夫信用
李芸芸耳等二週間。如再不未則
装他人訂約望。夫速速催銀之
帯技師来上海以便速往屠村進

行也。王鹿臺蔡村之許可由宇即
況向王一亭交付。抵押二千元
王一亭已受欤。從此王鹿寛令
法擾亂吾輩之事終歸成
功不過山中何日出炭未可知必重
石有銀寛屈此向朱卓文銘令
一山忠俊集屈之同鄉朱卓文銘令
香山縣運輸甚便利而至香港

懂小汽船四時間而己。徒彷徨何芸之直り
則莫不獲大利也。未事詳之毫井将
低中宇因陰歷年未，困難一。日勢一
即如不得人救助非困不可。宇現想一
方法向各處湊敞能湊成功亦可救
其不倒。宇擬向唐紹儀趙伸等處湊
成五萬元。其不能凑，夫人敞陸湊二百元迄速
匯寄上海救我危急。則感恩無既矣

如勝未芸之公債昂貴可以成功。則不
成向題笑偷一慮均不成功聽其自倒
却殊可惜也。夫人處不能湊二百元
時，或一百，或五拾皆侍救令也對 宇

福安。並候
　　近音
　　　　鄧恢宇即
正月六日

释读

宫崎夫人御览：

云南锡税借金一事，因云南政府及云南省议会之定例，无论何种借金，以九四到手为定准。赵伸先生云，总求滔天先生及夫人之援助，如能成功，非独赵先生、唐继尧先生之感激，即云南全体人民亦感激不浅。赵先生又云：请绍介人暂尽义务，成功之日，定送华金三万元，作报酬费，报酬夫人及宇等云云。俟尊处允可，赵先生即起程来日本也。

屠村矿主李先生，在沪等待二周间矣。迄今银主未来，李先生故不能久待也。夫人绍介之银主，何日来沪，对于李先生，颇失信用。李先生云：再等三周间，如银主再不来，则与他人订约。望夫〈人〉速速催银主，带技师来上海，以便速往屠村进行也。

王鹿宾云蔡村之许可，由宇三四次向王一亭交涉，抵押二千元，王一亭已交款，从此王鹿宾无法捣乱。吾辈之事，结局终归成功，不过山中何日出炭，未可知也。重石有银主否？此间朱卓文又绍介一山主，系朱先生之同乡，山在广东香山县，运输甚便利，由山至香港，仅小汽船四时间而已。若仿何先生之意，则莫不获大利也。

米事详龟井手纸[日文，信函]中。宇因阴历年末，困难日急一日，如不得人救助，非倒不可。宇现想一方法，向各处凑款，能凑成功，亦可以救其不倒。宇拟再向唐绍仪、赵伸等处凑成百元。万恳夫人设法凑二百元，迅速汇寄上海，救我危急，则感恩无既矣。如胜木先生之公债，即日可以成功，则不成问题矣。倘一处均不成功，听其倒去，殊可惜也。夫人处不能凑二百元时，或一百，或五十，皆能救命也。敬叩

福安

并候返音

邓恢宇叩

正月六日

阴历十二月五日

滔天同志前辈先生道鉴：敬启者，前上书问候，歇甚，甲属将赔朱方法东奔西走，结果甚少，即
急见
先生致精衛之书始知
先生对于朱事进行颇急，守即将此事商诸朱阜文兄，因朱君自有朱君诸事均可负完全责任，迨至详陈一切万恳
先左右速催资本家款事青岛此乃犒未之属一年二之苦，因赖电不能叩请蜃井兄当面
先生大运催资本家款事上海以便前姞搞办也千万不可迟
优恐挠足者先浮也汲叩
钧安
 小弟 邓恢宇 叩
 二月四日

再有恳求，先生者外井之到日本时光向朱学本家筹， 倍昔元电滙上海为叩

邓恢宇致宫崎滔天函（1919年2月4日）

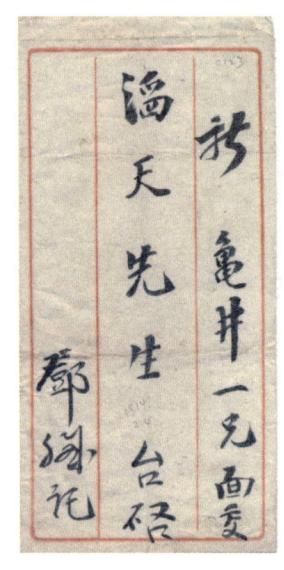

释读

滔天同志前辈先生道鉴：

　　敬启：久未上书问候，歉甚。弟属得贵夫人缄嘱购米方法，东奔西走，结果甚少。前日忽见先生致精卫兄书，始知先生对于米事进行颇急。弟即将此事商诸朱卓文兄（因朱君自有米厂在南京），朱君诸事均可负完全责任，送至青岛，此乃购米之独一无二之方法。因缄电不能明悉，特请龟井兄回日，当面详陈一切。万恳先生火速催资本家带款来上海，以便开始购办也。千万不可迟缓，恐捷足者先得也。敬叩

钧安

小弟邓恢宇叩
二月四日

再有恳求先生者，如井兄到日本时，先向米资本家筹五百元电汇上海为叩。

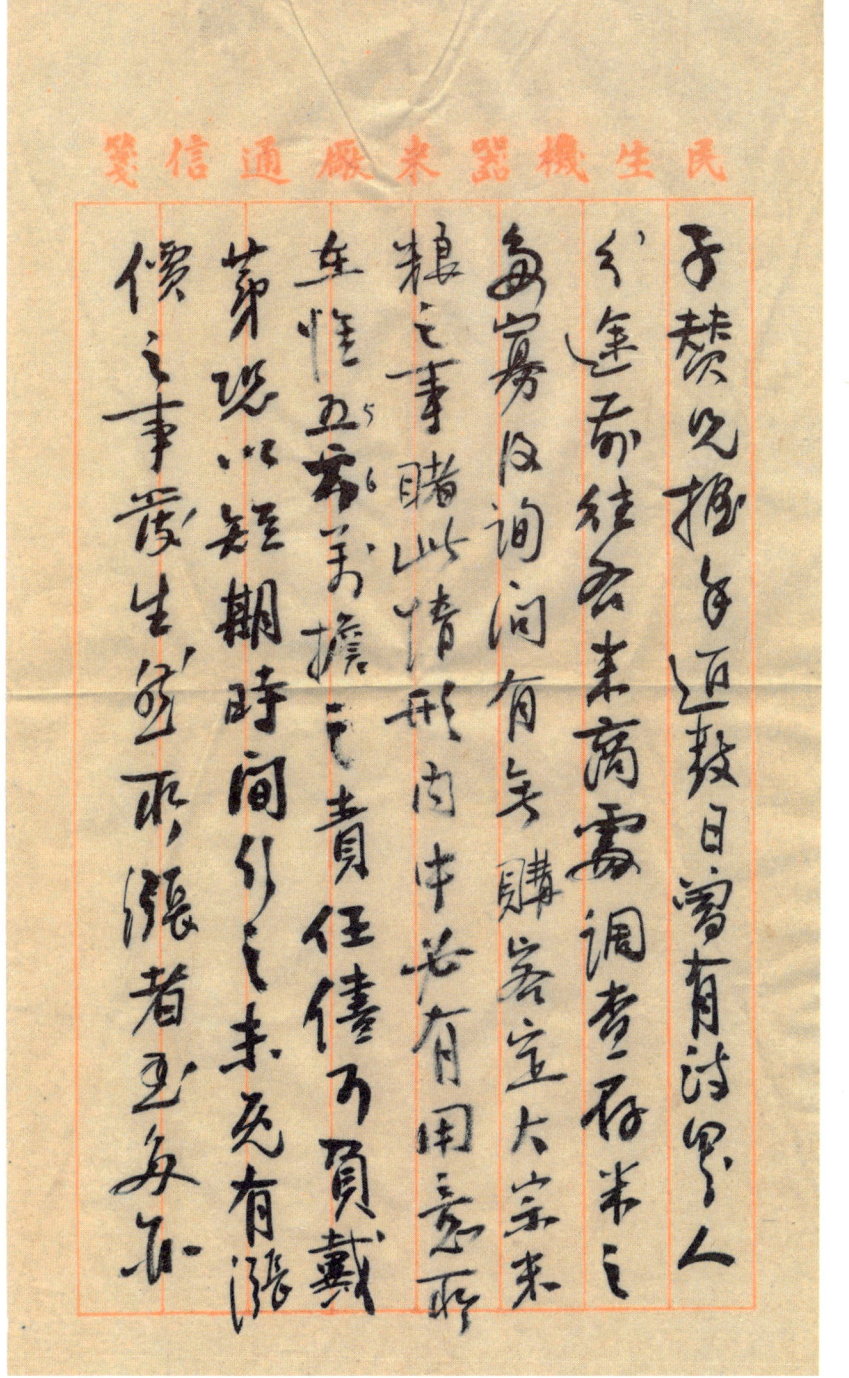
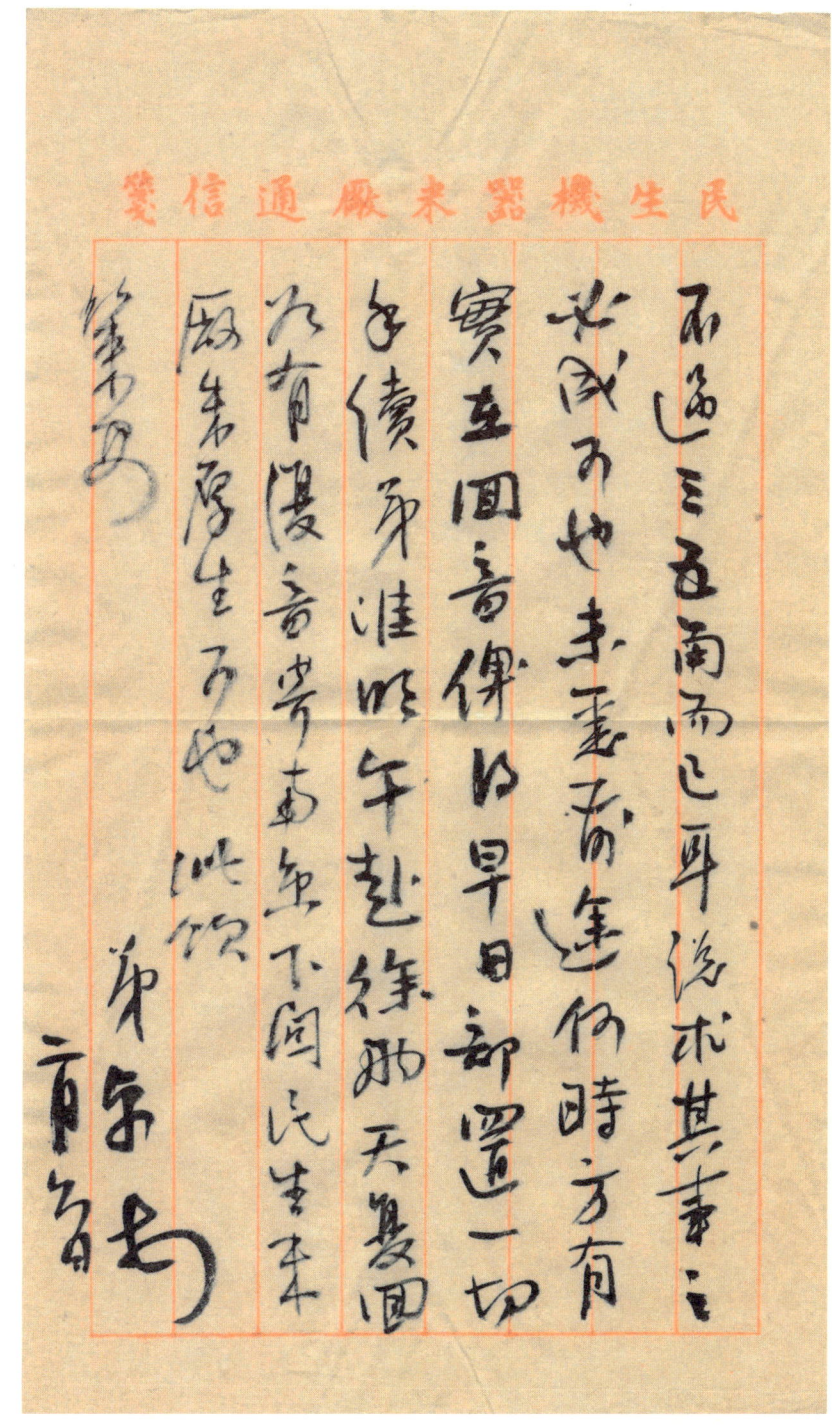

朱卓文致邓铿宇函（1919年2月6日）

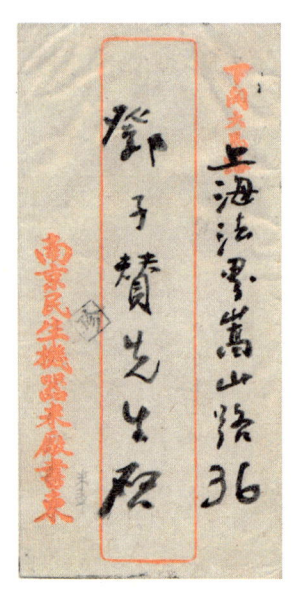

释读

子赞兄握手。近数日曾有政界人分途前往各米商处,调查存米之多寡,及询问有无购客定大宗米粮之事。睹此情形,内中必有用意所在。惟五六万担之责任,尽可负戴。第恐以短期时间行之,未免有涨价之事发生。然所涨者至多亦不过三五角而已耳,总求其事之必成可也。未悉前途何时方有实在回音,俾得早日部署一切手续。弟准明午赴徐,两天复回。如有复音,寄南京下关民生米厂朱厚生可也。此颂

筹安

弟东顿首

二月六日

滔天同志前鉴 先生仲鉴 前函并兄转呈

一俟想已达 晓顷间接来草之兄函南京来纱米事一定成功 五六万担（每海上一百六拾介南京担一百四拾八介）卓之兄可买完全责任时前须四礼拜万年之差错 迟说云之虞云之

但买来时宜守秘密 电复则恐价格涨之 然涨高本不得过□角好在来店买未 非局外人所知 且来店之卖与输运保寻常之事 五六万担 必多人注意南京运来至青岛 中国政府向无注今 团中央政府派群指此迫道出口 况在南京之各米商 石禁未陸续出口

每年专输运青岛正获多寡之图万乞

先生迅速促发 本家来上海为即借往兴卓之兄间 始进行以便成功 似再可基础 甚可达 将来伟大之目的 也 如资本 家一走时请诸

先生之某意 徒此即可以谋实业之

不胜贺

先生街上目前建汇川勤动卓之或他百元 椒不万分之急 即遇迟则其刻倒万恳

先生作持为叩 铁事重云南
锡较借款事苟已 先生从速进行为叩 至卓之兄又之一封 至阅岁

福安

贵夫人前问安

弟邓恢宇叩
二月七日

宫崎滔天家藏民国人物书札手迹（第五卷）

 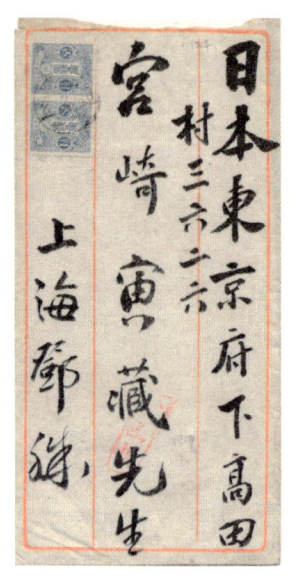

释读

滔天同志前辈先生伟鉴：

前由井兄转呈一缄，想已达览。顷间接朱卓文兄由南京来缄，米事一定成功，五六万担（每上海担一百六十斤，南京担一百四十八斤），卓文兄可负完全责任，时间须四礼拜，万无差错迟误之虞云云。但买米时宜守秘蜜〔密〕，否则恐价格涨高，然涨高亦不得过五六角，好在米店买米非局外人所知，且米店之买卖与输运系寻常之事，五六万担必无人注意。南京运米至青岛，中国政府向无禁令（因中央政府只禁止海道出口，不禁陆路出口），况在南京之各米商，每年专输送青岛，已获无穷之利益。万乞先生迅速促资本家来上海，弟即偕往与卓文兄开始进行，以便成功后再可进行购办也。且弟誓必将此事办好，以不辜负先生之美意，从此即可以谋实业之基础，并可达将来伟大之目的也。如资本家一定购米时，请先生在十一日前电汇日币一千元或五百元救弟万分之急，过迟则弟处难保其不倒。万恳先生维持为叩。

铁事、重石タングステン[日文，钨]事、云南锡税借款事，均乞先生从速进行为叩。并寄卓文兄缄一封呈阅。此叩

福安

贵夫人前问安

小弟邓恢宇叩

二月七日

宮崎夫人殿。茲啓者自得夫人二十日起程之手紙以昂與朱卓文相商辦法柴云祇求滔天先生與夫人速來上海。販賣末事。易得大利益也。自此以後僕已三次該亀井兄致減夫人屢訪以僕慮窮困至不能維持勢左必僭奈困之太久倒困難。何以故祇因負債至五百餘元之多。將家中一概家具盡行賣盡不過二百餘元而已。負債償此五百餘元之法。倘另想個方法將倩伊傳下不然進退維谷。倘每方倒每不成。債之將來即每政策必倒每不成。倚到此時除自殺以外無何事能終不寬恕態度反武至旨冬論如何畫個人一死以僕畫在實業猛力進行務必得良好之結果由小至大一旦成功任人在實業上。站住了脚根矣。僕將来論何種重大目的均可達到也。僕最恨吾壹一班同志特修養習於滔天先生及夫人救助中國之心實吾同志之薄情不顧舊恩人且不顧將来車亞之大局祇好盡個人之能力誓謀一最好之實業維持以為吾党酬報。滔天先生及夫人於萬一也恨事不如願自與田先生開啟買鐵去年之謀礦止三年之功竟年致果僕實慙愧致死心至今日之不可將拾也。現江西友人持マンろスミニ礦山八九厘含物院財價格文廉

 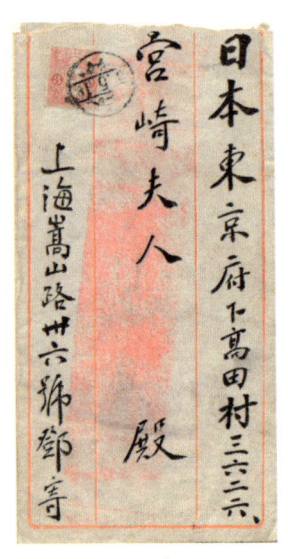

释读

宫崎夫人殿：

　　敬启者：自得夫人二十日起程之手纸 [日文，信函] 后，即与朱卓文相商办法。朱云只求滔天先生与夫人速来上海，贩买米事，容易得大利益也。自此以后，仆已三次请龟井兄致缄夫人处，说明仆处穷困，至不能维持，势在必倒。奈困乏太久，倒亦困难。何以故？只因负债至五百余元之多，将家中一概家具，悉行卖尽，不过二百余元而已，何能偿此五百余元之债？即倒，亦须想个办法，始能倒得下去。不然，进退维谷，倒亦不好，不倒亦不好。倘到此时，除自杀以外，无政策也。

　　仆之始终不变态度及其主旨，无论如何，尽个人一分能尽之责，誓必在实业上，猛力进行，务必得良好之结果。由小至大，一旦成功，吾人在实业上，站住了脚跟，则将无论何种重大目的，均可达到也。

　　仆最恨吾党一班同志，始终辜负滔天先生及夫人救助中国之一片热心，实吾同志之薄情，不顾旧恩人，且不顾将来东亚之大局。仆亦无法，只好尽个人之能力，誓谋一最好之实业，维持目前，发达将来，大功告成，则仆庶几可以为吾党、为吾国，酬报滔天先生及夫人于万一也。恨事不如愿，自与前田先生开始买铁，至去年之谋矿止，三年之功，毫无效果。仆实惭愧欲死，以至今日之不可收拾也。

　　现江西友人持タングステン [日文，钨] 矿山八九区，七十二三以上パーセント [日文，百分之]，品物既好，价格又廉，（续下页）

邓恢宇致宫崎滔天夫人函（1919年5月4日）（二）

释读

（接上页）

在江西买，每吨只须八十五元，税金八十元。运费（由江西到上海）八十余元，总共上海金二百六十余元。现在上海之市价，每吨四百七十余两（银贷），约上海金六百余元。此种商买，只要有运费，就可得大利益。去年十二月商量于井兄数次，今年井兄回贵国时，迄返中国时，商量又数十次，迄今全无结果。又江西烟煤矿最佳，仆与煤矿主订立契约，与井兄商觅银主，现矿之种类物，全行携来上海，此时井兄种类物不足，又不能进行。仆意无论タングステン[日文，钨]、石炭矿，只求一件成功，以保其不倒，免失信用，将来在上海方面，可以作事，则万幸也。独一无二之希望，夫人与滔天先生能早日来上海，则万事均可营谋。今既不能速来，实仆之末运也，奈何！奈何！

　　近由荒木兄绍介一银主，办石炭矿及タングステン[日文，钨]，正进行中。成当送夫人一分，如不成功，则仆之生命，殊危险已极。家中倒后，仆倘不被债权者逼死，必来东京，商量继续再办实业。人不死，志不死，运之如何，听乎天也。

　　倘夫人来上海在即，仆即不来东京，万恳电汇二百円，以救危险，则仆终身不忘此大恩也。

　　余续上。敬叩

滔天先生福安

　　　　　　　　　　　　　　　　　　　　　　　弟邓恢宇敬启
　　　　　　　　　　　　　　　　　　　　　　　五月四日

滔天老兄亲鉴 弟已安抵长崎 馨 福岛先生之友 盛情殷殷 实不可忘矣 先生友 国分司轮船当在二 十二日出帆 弟在 蒙厚爱援十余日 忠 贵夫人优待过去 减死生不忘之恩也 不独当归以报达 然来日方长有求於 先生者正方兴未 艾 先生仅仅一人 及仆 立全国是赖 东亚 之保障舍 先生其谁与诛 不胜 馨香祷祝 抵沪即 当奉告 馀请 贵夫人茶诸安 龙皆体问好 邓恢宇 上顿首 七月廿日

邓恢宇致宫崎滔天函（1919年7月20日）

 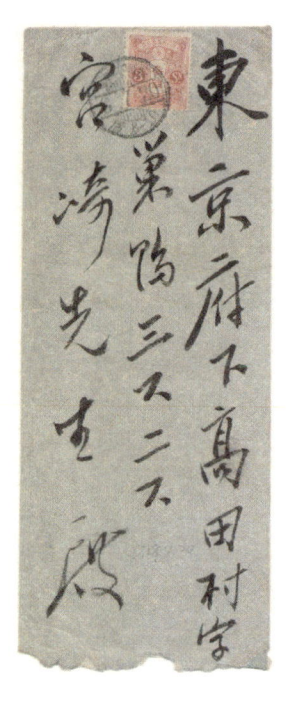

释读

滔天老前辈先生伟鉴：

弟已安抵长崎，晤福岛先生之友，甚优待。因近日无贵国公司轮船，当在二十三日出帆也。弟在尊府厚扰十余日，心实不安。承先生及贵夫人优待过甚，诚死生不忘之恩也，不知当何以报达〔答〕。然来日方长，有求于先生者正方兴未艾，虽然非仅仆一人，及仆之全国是赖，东亚之保障，舍先生，其谁与归？不胜馨香祷祝之至。抵沪时再当奉告。敬请

暑安

贵夫人前请安

龙、震皆様[日文，各位]问好

邓恢宇拜启

七月二十日

滔天夫人御中敬啟者久未上書
問安罪甚幸
夫人待恢宇最篤孚想必能諒解也
恢宇回憶昔年
夫人在上海時特別優待維村謝宅
一切叔內人生產小女純兒時蒙
種種關心垂愛如此
厚恩大德迄今未嘗一日忘此

百萬金者有百數十處之名勝
愛井兄相商待滔天先生返上
海時再商議進行也又與社義
兄所辦之雜誌固甚不足尚難出
服也如純兒現已三歲粵常玲瓏體
夫人關心特奉告以慰
錦注今年內實業若稍有成

恩德也惜運命不佳實業上緩
難發展如之政治不良辦理者
陳爭權奪利外等他能是以人民
受其痛苦國勢日趨於危弱所有
昔日愛國之士今日祇知愛金錢
與當日同盟會時代大相反對懷
陳恨彼輩之誤國殃民又多係
正惟有一時將個人領袖問題

謀穩實實業方面立有基礎再從
政治下手也惟實業方面端賴
夫人相助之處止多也近數月
來興龜井兄積急進行辦理
陳廚香瑚琳再搬再販賣
貴國石炭現覽本家甚多欲賣
賣石炭此項生意獲利最大支
那上海近年末作石炭高獲利至鉅

功准來
夫人並叩安及商籌他項實業
也今卽重作足之麻布見本不日是
貴國奉訪
寄末餘續下次手低啟叩
福安
五候
返事
晚鄧恢宇謹叩
三月十一日

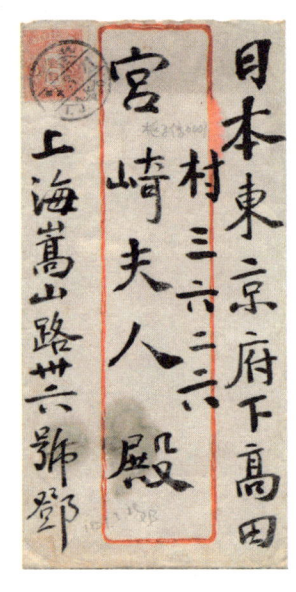

释读

滔天夫人御中：

敬启者：久未上书问安，罪甚！幸夫人待恢宇最笃厚，想必能谅解也。恢宇回忆昔年夫人在上海时，特别优待，维持敝宅一切，敝内人生产小女纯儿时，蒙种种关心垂爱。如此厚恩大德，迄今未曾一日忘此恩德也。

惜运命不佳，实业上总难发展，加之政治不良，办理者除争权夺利外无他能。是以人民受其痛苦，国势日趋于危弱，所有昔日爱国之士，今日只知爱金钱。与当日同盟会时代，大相反对。恢宇深恨彼辈之误国殃民，又无法纠正，惟有一时将个人饭碗问题谋稳，实业方面立有基础，再从政治下手也。惟实业方面，端赖夫人相助之处正多也。近数月来，与龟井兄积急〔极〕进行办理，除麝香、翡翠外，拟再贩卖贵国石炭，现资本家甚多欲买卖石炭。因此项生意，获利最大，支那上海近年来作石炭商获利至数百万金者，有百数十处之多。与龟井兄相商，待滔天先生返上海时，再商议进行也。又与杜羲兄所办之杂志，因资本不足，尚难出版也。

小女纯儿，现已三岁，异常伶俐，体质亦强。承夫人关心，特奉告，以慰锦注。今年内，实业若稍有成功，准来贵国奉访夫人，并叩安，及商筹他项实业也。令郎重作兄之麻布见本〔日文，样品〕，不日定寄来。余续下次手纸〔日文，信函〕。敬叩

福安

并候返事

晚邓恢宇谨叩
三月十一日

滔天老同志先生伟鉴敬启者前日接龟井兄缄及
先生致王统一兄缄弟此将该缄面交王见王兄欣喜异常并云此事係
先生绍介而未可大胆放心做下去一切皆无甚问题明日即缄覆
先生奉商进行方法甚祈速助其成功即可立吾人实业之基础也
江西李君云进贤之炭山旧窿口内皆有水淹不能下窿去者现山主因吾人到山勘验
特从新开一窿口昼夜工作以备吾人下窿勘验昨日又接山主来缄云新窿已挖至三文深见炭在即催吾辈迅速到山勘验倘日期迟延
恐小工工资不能久持若再停工新窿再为水淹费尽无味之功夫甚为可惜乞
先生催龟井兄速来上海为叩并有三千

三百余欵有农商部部照随时可到山戡验浙西江方面尚有五千余欵之炭坑见本图矿业皆在上海手续完全以上一连三矿均有开采之资格万恳
先生绍介极有力量之资本家办理为妙
因近三年来发明最大之矿厎不少故也一则者由上海直航湖南之中华汽船公司系湖南特有之船航权徐皆不能由上海直航係曹国蒲左宗棠所创办者自民国元年开始公司内之苗头所创办分公司之苗头皆成钜富惟公司之主人则画司之苗头皆扣苗船至一年之失败年未入连张故克

宫崎滔天家藏民国人物书札手迹（第五卷）

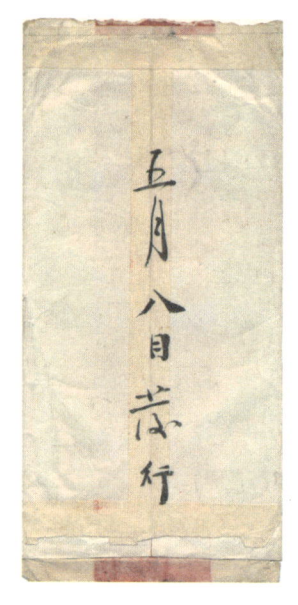

释读

滔天老同志先生伟鉴：

敬启者：前日接龟井兄缄及先生致王统一兄缄。弟比将该缄面交王兄，王兄欣喜异常，并云此事系先生绍介而来，可大胆放心做下去，一切皆无甚问题，明日即缄复先生，奉商进行方法，尚祈先生从速助其成功，即可立吾人实业之基础也。

江西李君云，进贤之炭山旧窿口内皆有水淹，不能下窿去看，现山主因吾人到山勘验，特从新开一窿口，昼夜工作，以备吾人下窿勘验。昨日又接山主来缄云，新窿已挖至三丈深，见炭在即，催吾辈迅速到山勘验，倘日期过迟，恐小工工资不能久持，若再停工，新窿再为水淹，费尽无味〔谓〕之功夫，甚为可惜。乞先生催龟井兄速来上海为叩。并有三千三百余亩，有农商部部照，随时可到炭山勘验。浙江方面，尚有五千亩之炭坑，见本〔日文，样品〕、山图、矿照皆在上海，手续完全，以上一连三矿均有开采之资格。万恳先生绍介极有力量之资本家办理为妙，因近二三年来，发明最大最佳之矿区不少故也。

再者由上海直航湖南之中华汽船公司，系湖南特有之航权，余皆不能由上海直航，系曾国藩、左宗棠之嗣孙所创办者。自民国元年开始，公司内之番头及各分公司之番头皆成巨富，惟公司之主人则尽失败。年来又遭张敬尧扣留一船，至一年之（续下页）

久不能營業故損害太甚現欲備歎六拾萬
元合相亦可該公司大畧情形列左
一公司航權特有無他處能再請照者
一公司經公司在長沙分公司漢口上海
一公司房屋棧庫頗當大
一公司揚子江一帶之碼頭上海、鎮江、南京、
安慶、九江、武穴、漢口、岳州、新堤、長沙、
湘潭、
一輪船二隻均扎從新修理不可詳細情形
准日内寄来也祈
先生紹介一家借款何也此事龜井先精
知其底蘊一咋年弟曾與伊談過也新聞
事進行如何上海之亭太艾相迎武諸人
皆可得其同情如有設法赤是一大好機會
也餘續述敬叩
佛安
　　　　　　　弟鄧恢宇謹上
令夫人高卯安
内王君信一件　　初八日

邓恢宇致宫崎滔天函（1921年5月8日）（二）

释读

（接上页）

久，不能营业，故损害尤甚。现欲借款六十万元，合办亦可。

　　该公司大略情形列左：

一、公司航权特有，无他处能再请照者。

一、公司总公司在长沙，分公司汉口、上海。

一、公司房屋仓库皆极宏大。

一、公司扬子江一带之码头：上海、镇江、南京、安庆、九江、武穴、汉口、岳州、新堤、长沙、湘潭。

一、轮船（大者一千五百吨小者千吨）二只，均非从新修理不可。

　　详细情形准日内寄来，也祈先生绍介一资本家借款何如？此事龟井兄稍知其底蕴，一昨年弟曾与伊谈过也。新闻事进行如何？上海之章太炎、柏烈武诸人皆可得其同情，如可设法，亦是一大好机会也。余续述。敬叩

佛安

令夫人前叩安

　　　　　　　　　　　　　　　　　　　　　　　　弟邓恢宇谨上
　　　　　　　　　　　　　　　　　　　　　　　　　　初八日

内王君信一件

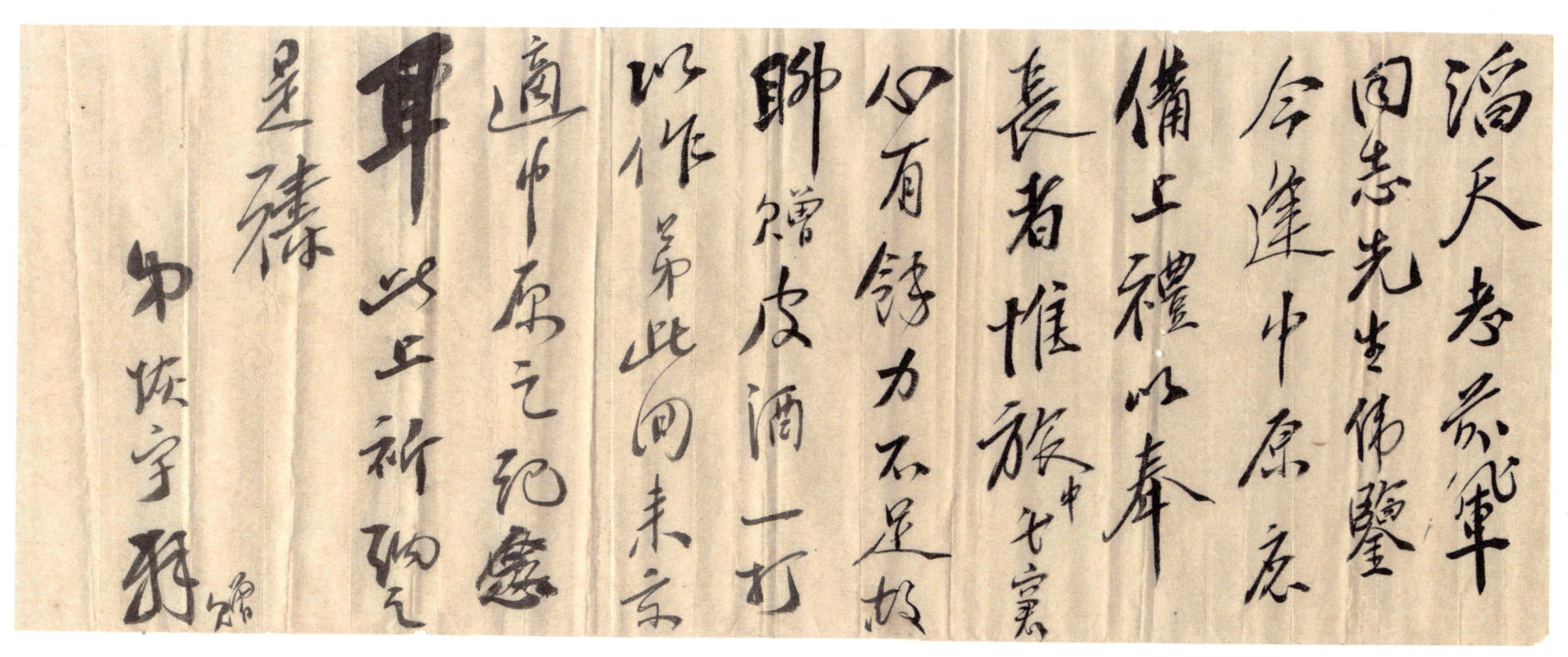

邓恢宇致宫崎滔天函

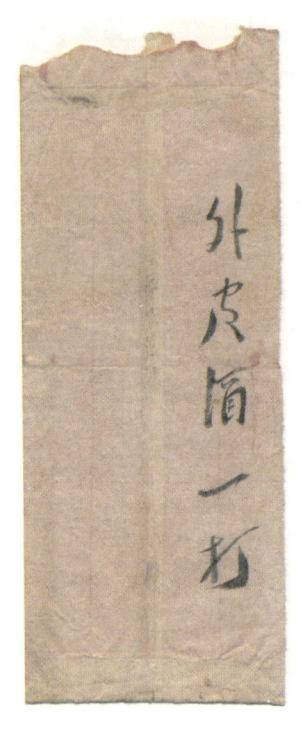
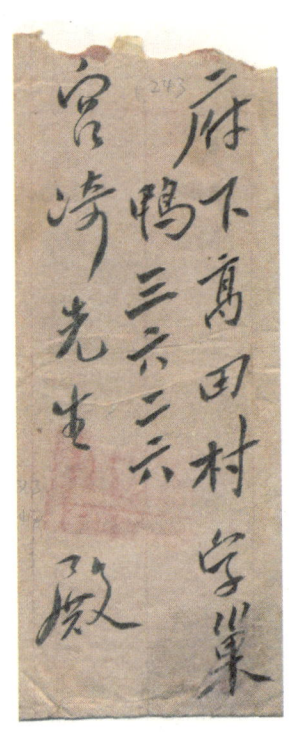

释读

滔天老前辈同志先生伟鉴：

　　今逢中原〔元〕，应备上礼，以奉长者，惟旅中甚窘，心有余力不足，故聊赠皮酒一打，以作弟此回来京适中原〔元〕之记念耳。此上，祈纳之是祷。

弟恢宇拜赠

兹将屠村原有之价格及现在之价格交款手续情形列左

1. 屠村矿主李培英与杨炳甫订约之价格原係壹万伍千元

2. 李与杨退款废约李须退还杨之定金七千元官场移转运动费贰千元赔补杨等之用费三千元

3. 李培英之山价及清理小股共洋壹万元

4. 介绍费壹万元此项係泽村在大坑时未缄承认者

5. 泽村君要求介绍伊并屠村炭矿至日清公司本庄时之介绍者日人某君须介绍费洋贰千元

6. 自本年三月起至九月屠村矿主李君来沪之同止介绍用去壹千元

7. 从苏计算须洋叁万伍千元

8. 须先备叁万元作为李与杨废约退

9. 李与此日清公司行主合办正式契约行之时将照据及农商部印矿山永昌脉清公司将银叁万元费与同时交换矿照之收据及农商部印矿山文出

於约然伏杨将安徽实业厅收存屠村探庆约杂费贰千元存某银行一方面由李与杨还杨之定银七千元並官场移转运动费贰千元

十月卅一日 邓子赞

将二万伍千元交清

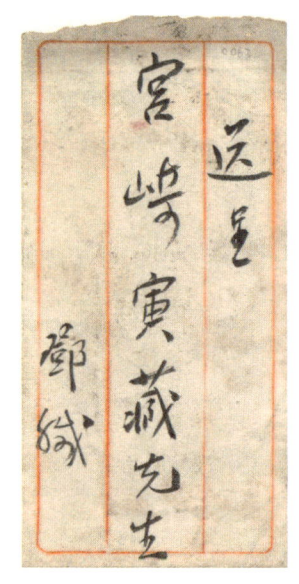

释读

兹将屠村原有之价格及现在之价格交款手续情形列左：

1. 屠村矿主李培英与杨炳甫订约之价格原系一万五千元。
2. 李与杨退款废约李须退还杨之定金七千元，官场移转运动费二千元，赔补杨等之用费三千元。
3. 李培英之山价及清理小股共洋一万元。
4. 介绍费一万元（此项系泽村在大阪时来缄承认者）。
5. 泽村君要求介绍伊并屠村炭矿至日清公司本店时之介绍者日人某君，须介绍费洋二千元。
6. 自本年三月起至九月屠村矿主李君来沪之日止，介绍人用去洋一千元。
7. 总共计算须洋三万五千元。
8. 须先备一万元，作为李与杨废约退还杨之定银七千元，并官场移转运动费二千元，杂费一千元存某银行。一方面由李与杨废约，然后杨将安徽实业厅收存屠村采矿照之收据，及农商部部印矿山图交出，永昌日清公司将银一万元双方同时交换。
9. 李与日清公司订立合办正式契约时将二万五千元交清。

十月三十一日
邓子赞

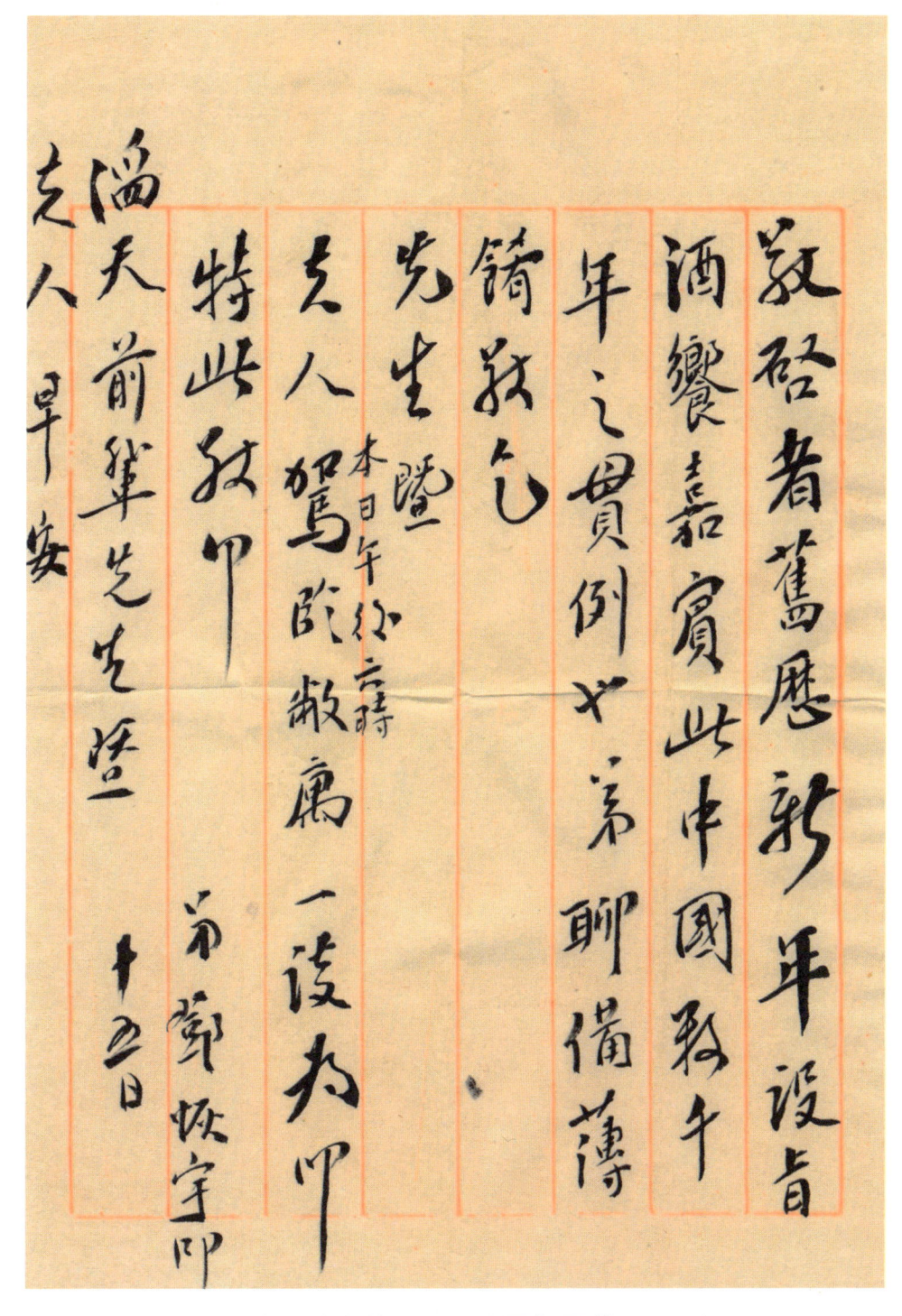

邓恢宇致宫崎滔天函（□年□月15日）

释读

敬启者：

　　旧历新年设旨酒飨嘉宾，此中国数千年之贯例也。弟聊备薄肴，敬乞先生暨夫人（本日午后六时）驾临敝寓一谈为叩。特此，敬叩

滔天前辈先生暨

夫人早安

　　　　　　　　　　　　　　　　　　　　　　弟邓恢宇叩
　　　　　　　　　　　　　　　　　　　　　　　　十五日

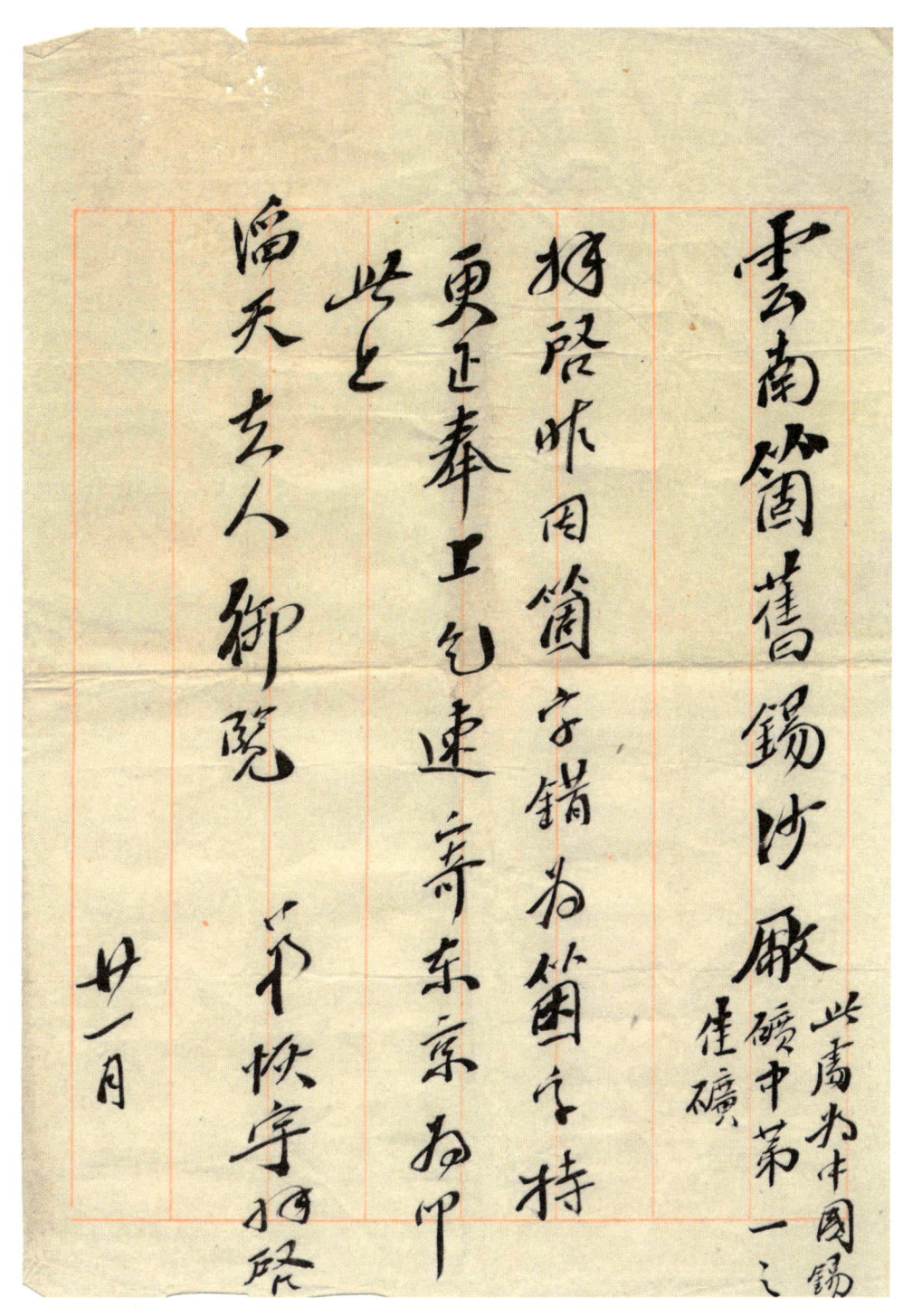

邓恢宇致宫崎滔天夫人函（□年□月 21 日）

释读

  云南箇旧锡沙厂（此处为中国锡矿中第一之佳矿）

拜启：

  昨因"簡"字错为"箇"字，特更正奉上。乞速寄东京为叩。此上

滔天夫人御览

弟恢宇拜启
二十一日

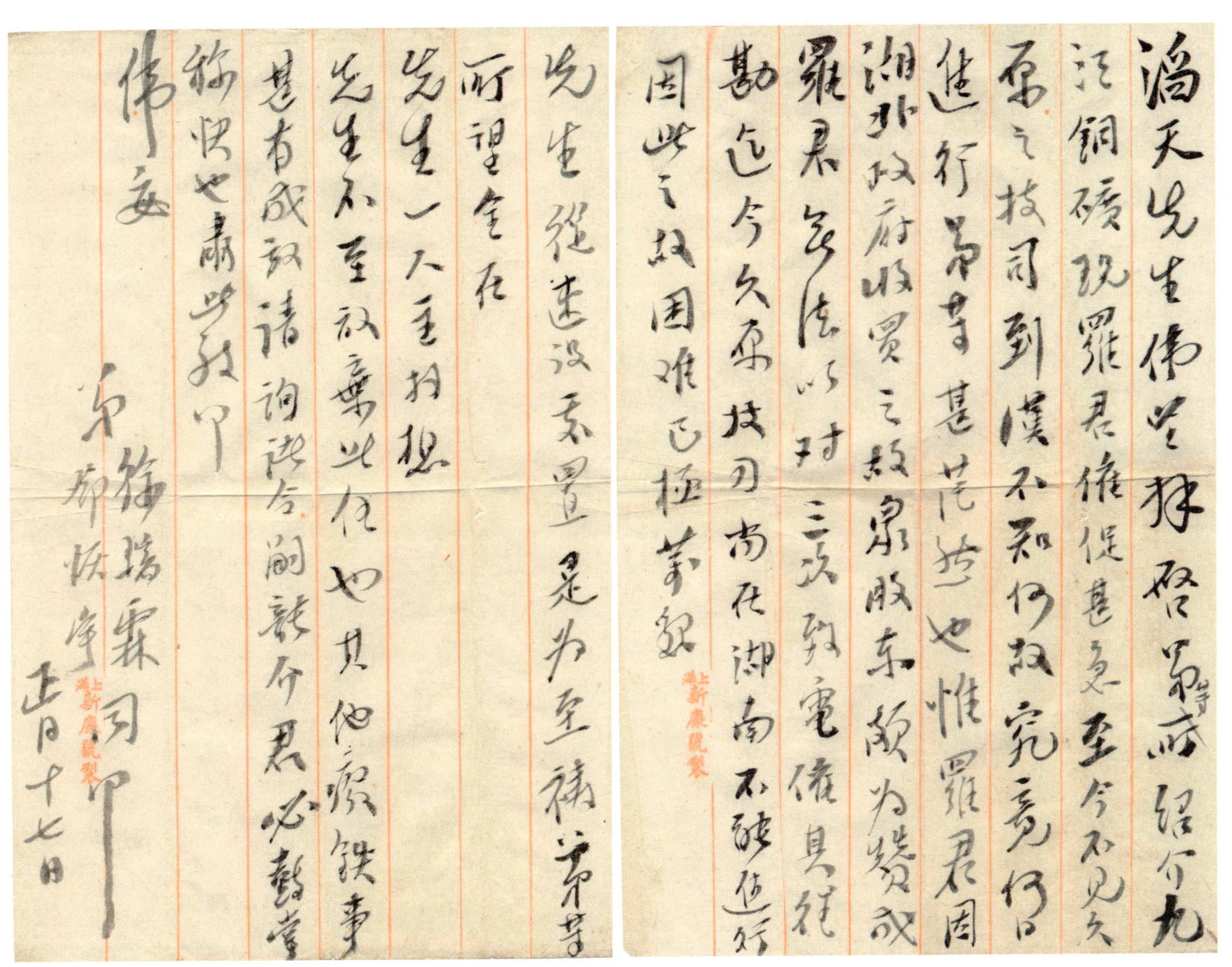

邓恢宇、徐瑞霖致宫崎滔天函（□年1月17日）

宫崎滔天家藏民国人物书札手迹（第五卷）

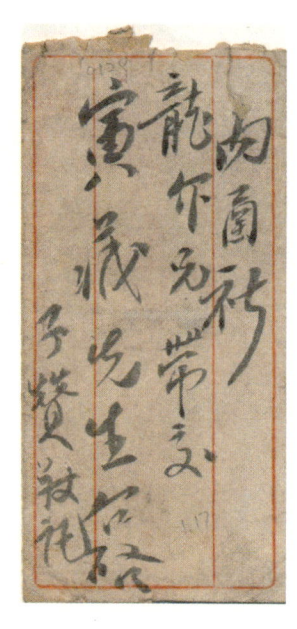

释读

滔天先生伟鉴：

　　拜启：弟等所绍介九江铜矿，现罗君催促甚急，至今不见久原之技司到汉，不知何故？究竟何日进行，弟等甚茫然也。惟罗君因湖北政府收买之故，众股东颇为赞成，罗君无法以对，三次致电，催其往勘。迄今久原技司尚在湖南，不能进行，因此之故，困难已极。万恳先生从速设处置，是为至祷。弟等所望，全在先生一人主持，想先生不至放弃此任也。其他废铁事甚有成效，请询诸令嗣龙介君，必鼓掌称快也。肃此，敬叩

伟安

弟徐瑞霖

邓恢宇 同叩

正月十七日

(一) 有全權辦此事

(二) 官商合辦

(三) 運送至港由火車輪船

(四) 每年產額五千九百九十三噸

(五) 稅額年入共六十條萬

(六) 錫礦地名簡舊

(七) 此廠與法國各有關係

(八) 生礦價值每桶產斫 平時價桶二十元 現價港二十元

(九) 熟礦價值每万斤 錢砝 港價三十元

(十) 鍊錫之方法 不用机器 用中國土炉

(十一) 貨物色送至東港

(十二) 礦山名菊花山

(十三) 礦面積百餘里

(十四) 工場創三三年以前

(十五) 送車方法以期限幾年 容再面商

李□致邓恢宇函

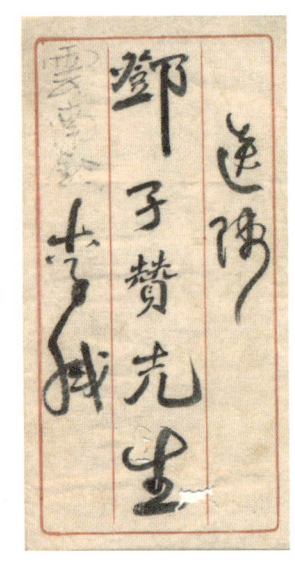

释读

（一）有全权办此事。

（二）官商合办。

（三）运送至港由火车、轮船。

（四）每年产额五千九百九十二吨。

（五）税额年入共六十余万。

（六）锡矿地名个旧。

（七）此厂与法国无关系。

（八）生矿价值每桶重二百斤，平时价每桶一百二三十元，现价涨至二百元。熟矿价值每百斤一百三十余元，港价二百十元。

（九）炼锡之方法不用机器，用中国土炉。

（十）货物出口至香港。

（十一）矿山总名菊花山。

（十二）矿面积百余里。

（十三）工场创立二百年以前。

（十四）还本方法及期限几年容再面商。

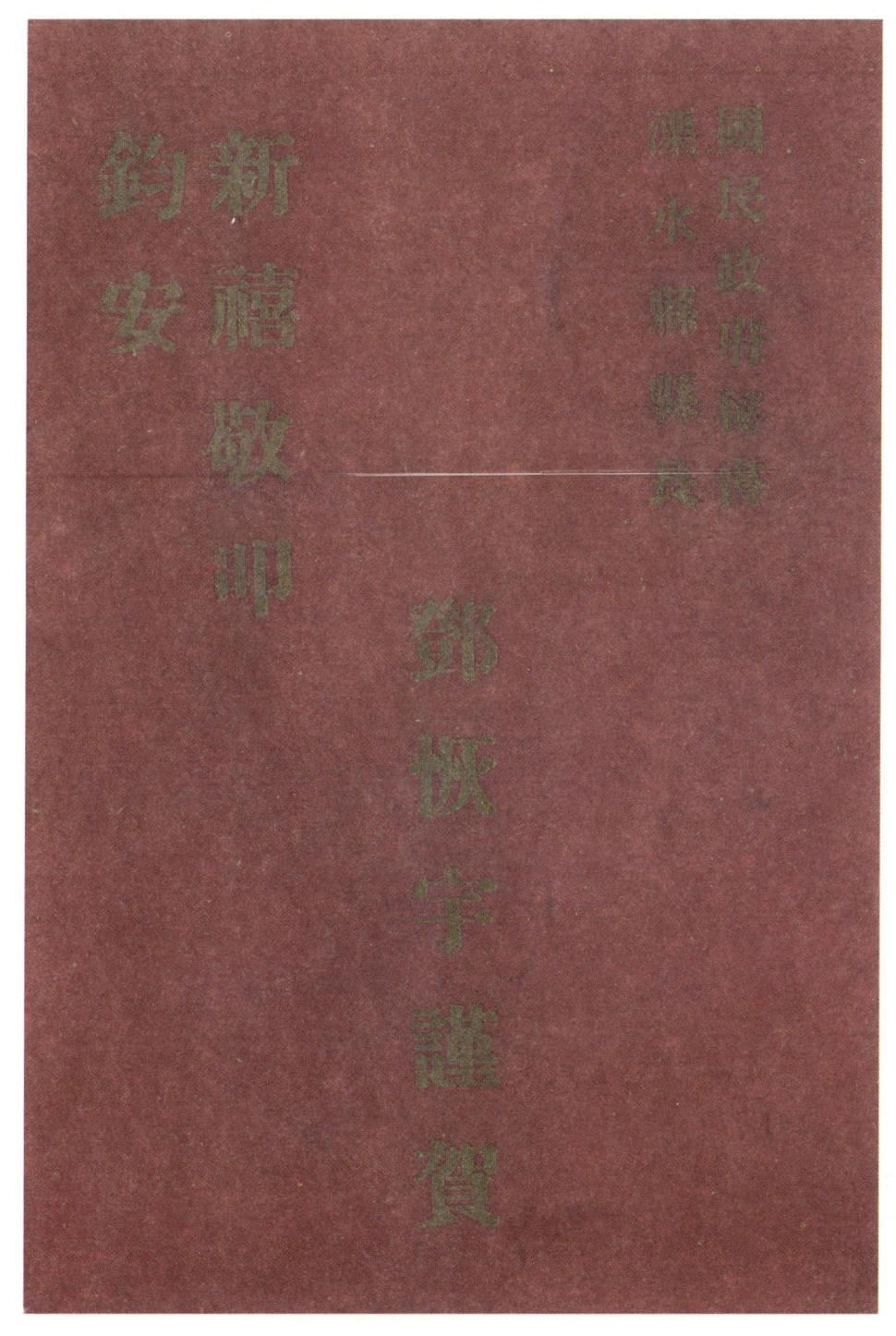

邓恢宇致宫崎滔天贺卡（1927年）

释读

国民政府秘书 溧水县县长
　　邓恢宇
谨贺新禧 敬叩
钧安

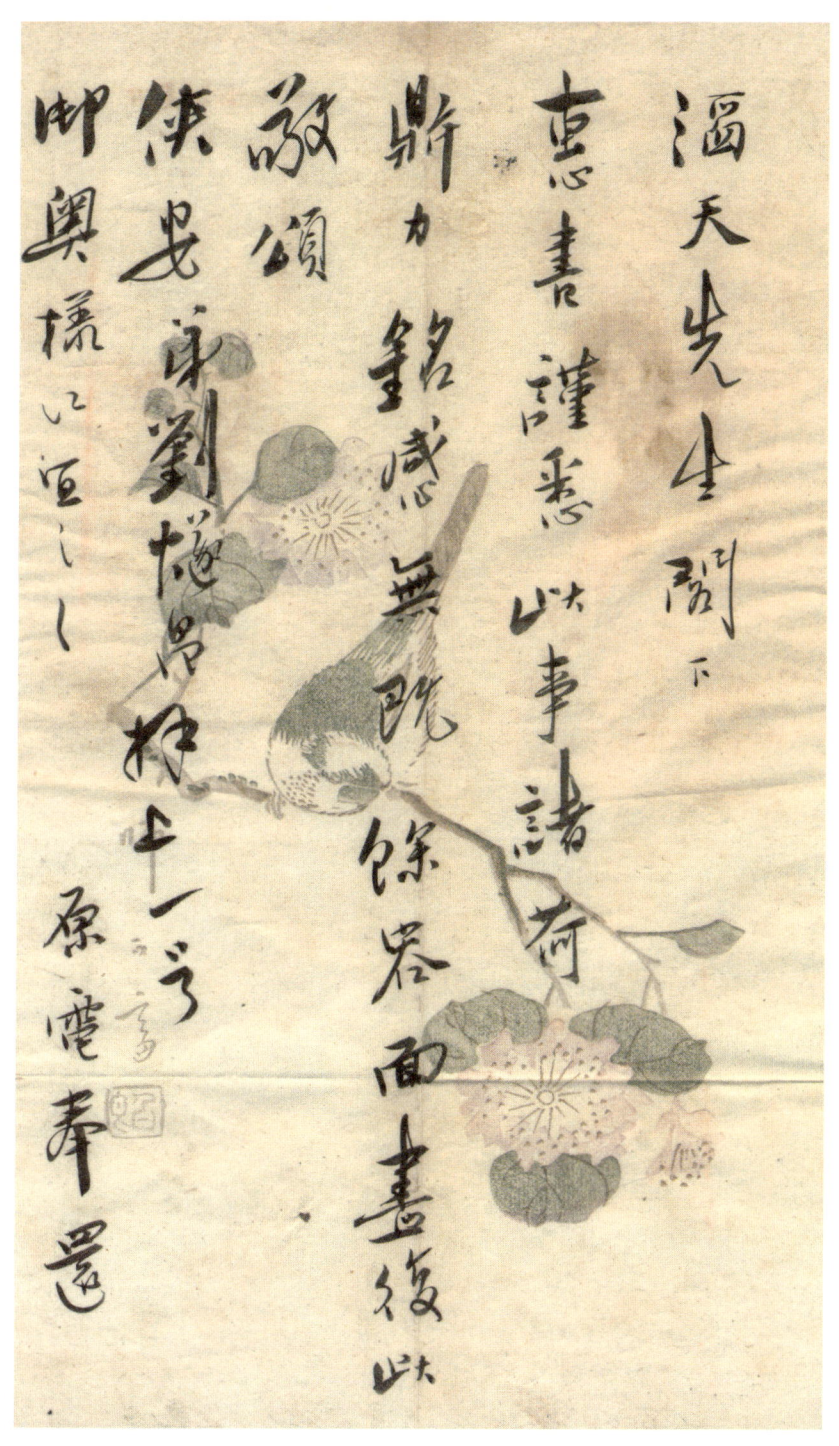

刘燧昌致宫崎滔天函（1918年3月1日）

宫崎滔天家藏民国人物书札手迹（第五卷）

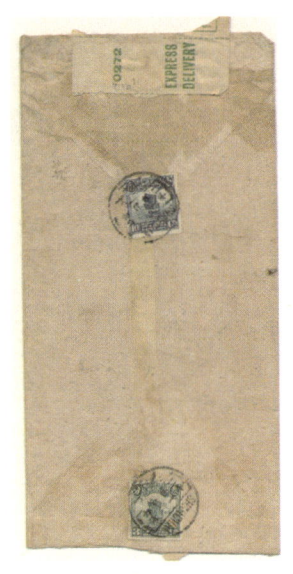 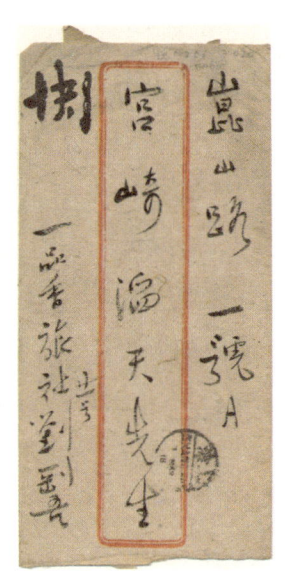

释读

滔天先生阁下：

　　惠书谨悉。此事诸荷鼎力，铭感无既。余容面尽。复此。敬颂

侠安

御奥様に宜敷しく [日文，并问候尊夫人]

弟刘燧昌拜上
一号

　　原电奉还。

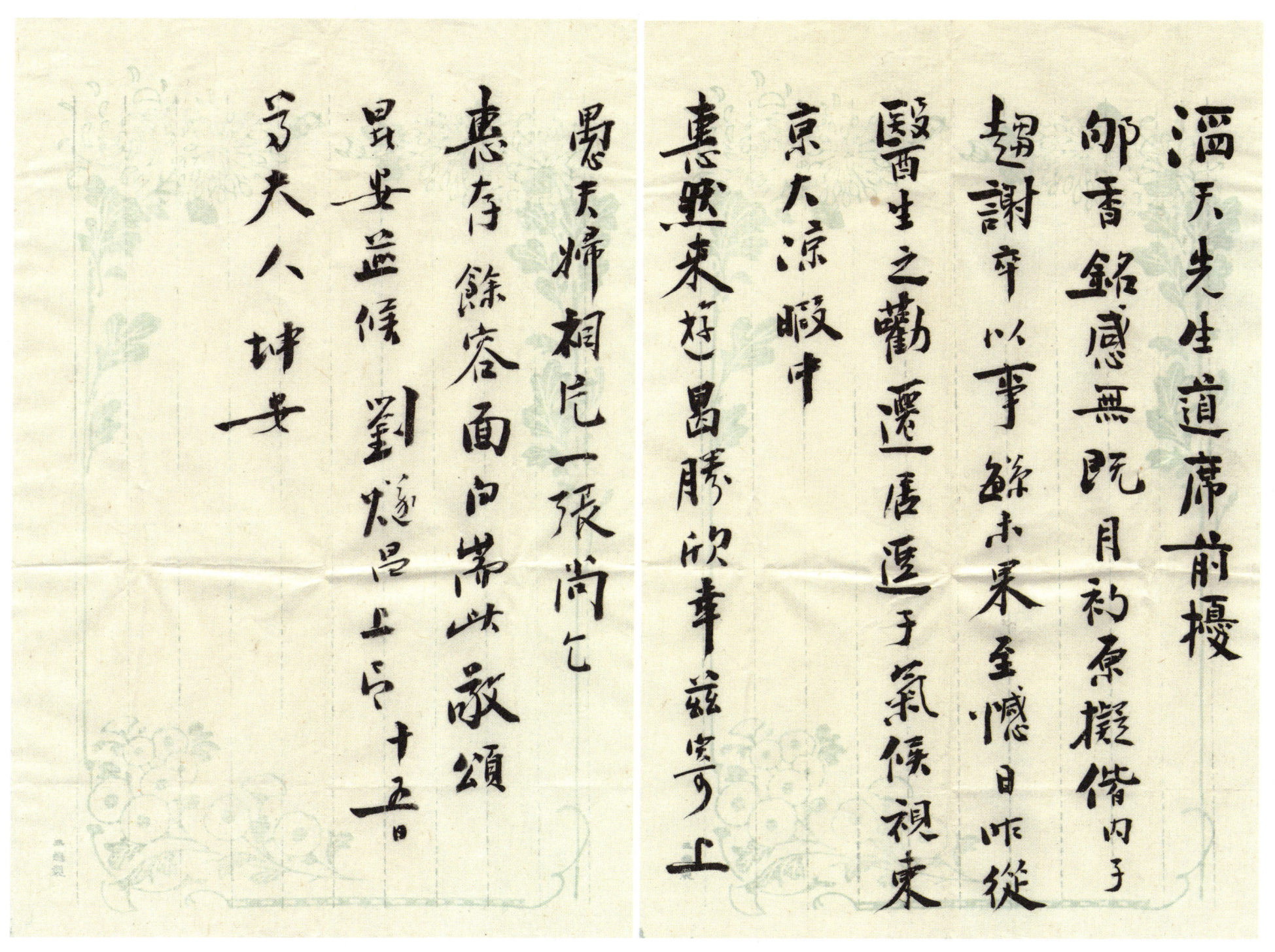

刘燧昌致宫崎滔天函（1919年1月15日）

宫崎滔天家藏民国人物书札手迹（第五卷）

 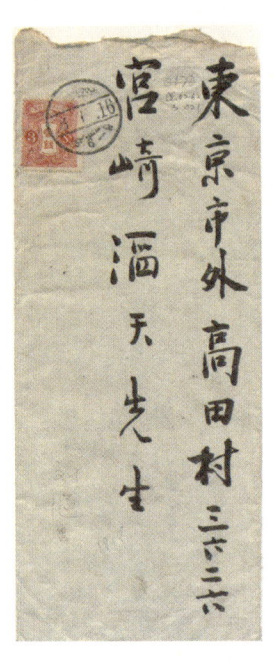

释读

滔天先生道席：

前扰郇香，铭感无既。月初原拟偕内子趋谢，卒以事繁未果，至憾。日昨从医生之劝，迁居逗子，气候视东京大凉，暇中惠然来游，曷胜欣幸！兹寄上愚夫妇相片一张，尚乞惠存。余容面白。专此，敬颂

暑安！并候

尊夫人坤安

刘燧昌上即

十五日

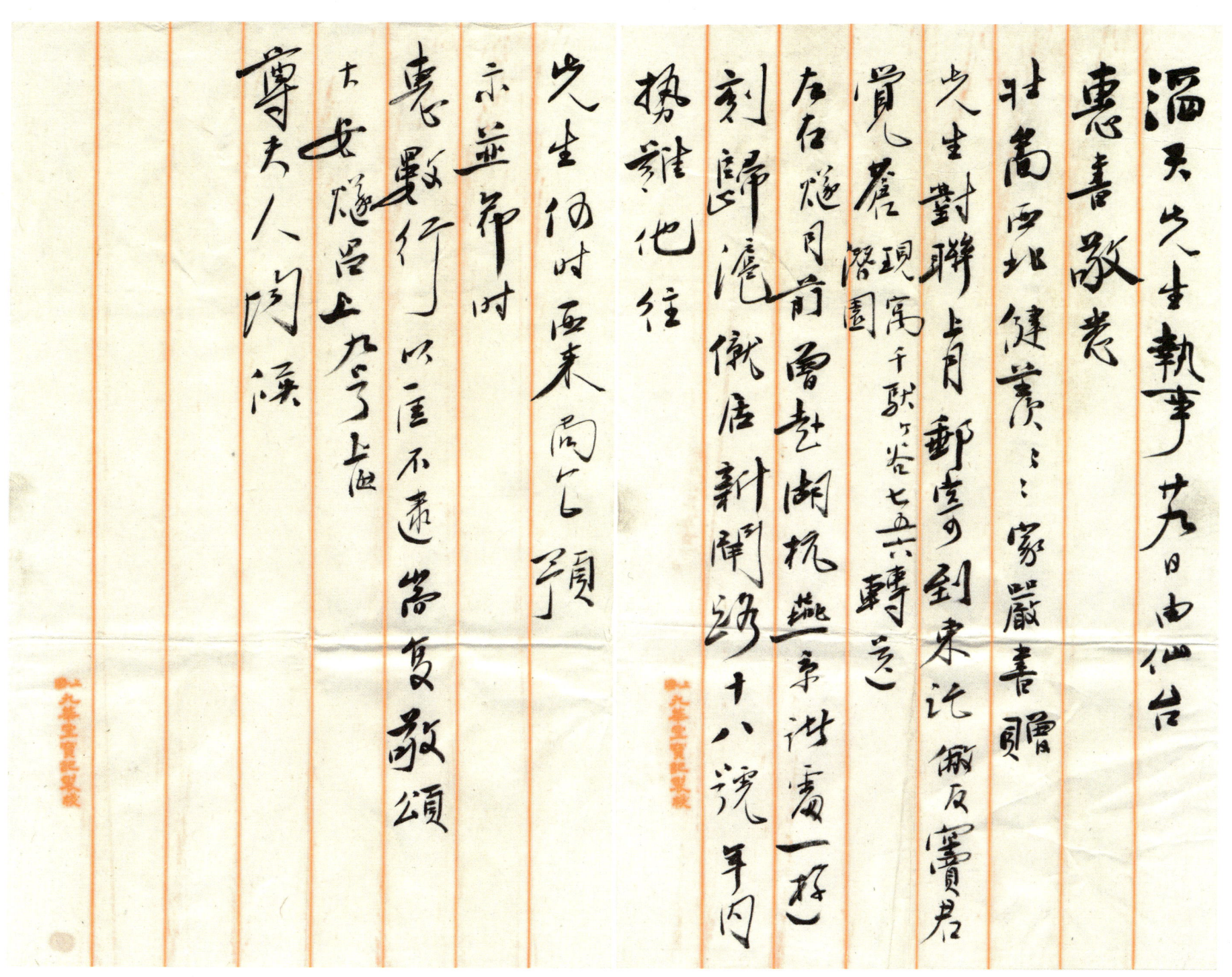

刘燧昌致宫崎滔天函（1919年11月9日）

宫崎滔天家藏民国人物书札手迹（第五卷）

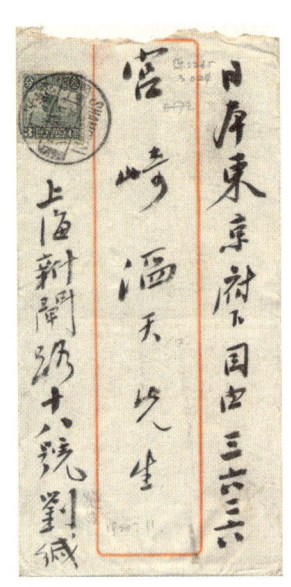

释读

滔天先生执事：

　　廿九日由仙台惠书敬悉。壮图西北，健羡健羡！家严书赠先生对联，上月邮寄到东，托敝友窦君觉苍（现寓千駄ケ谷七五六潜园）转送左右。燧月前曾赴湖杭燕京诸处一游，刻归沪僦居新闸路十八号，年内势难他往。先生何时西来，尚乞预示，并希时惠数行，以匡不逮。耑复。敬颂

大安

尊夫人均候

燧昌上

九号，上海

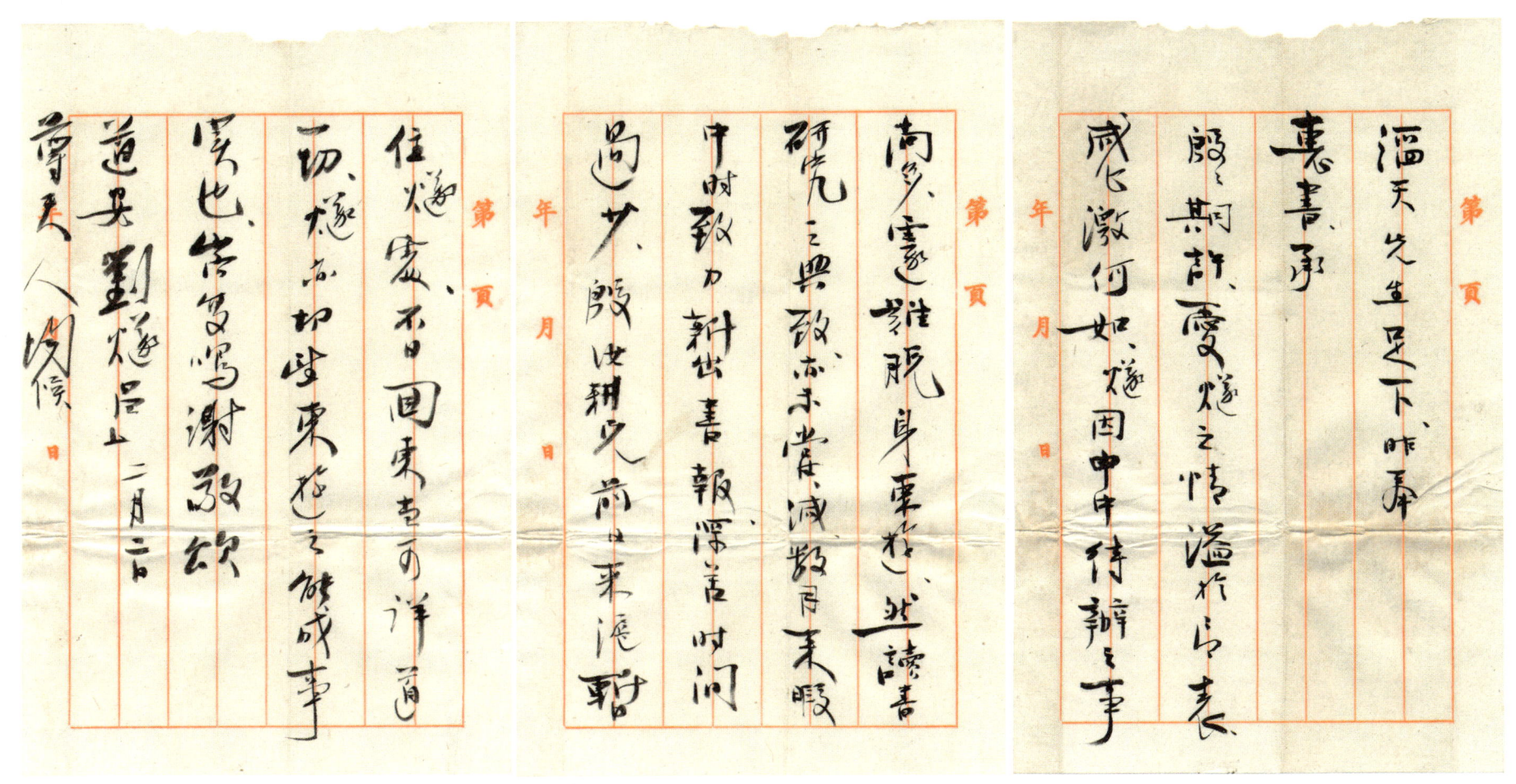

刘燨昌致宫崎滔天函（1920年2月2日）

释读

滔天先生足下：

昨承惠书，承殷殷期许，爱燧之情，溢于言表，感激何如！燧因申中待办之事尚多，遽难脱身东游，然读书研究之兴致，亦未尝减。数月来暇中时致力新出书报，深苦时间过少。殷汝耕兄前日来沪，暂住燧处，不日回东，当可详道一切。燧亦切望东游之能成事实也。专复鸣谢。敬颂

道安

尊夫人均候

刘燧昌上

二月二日

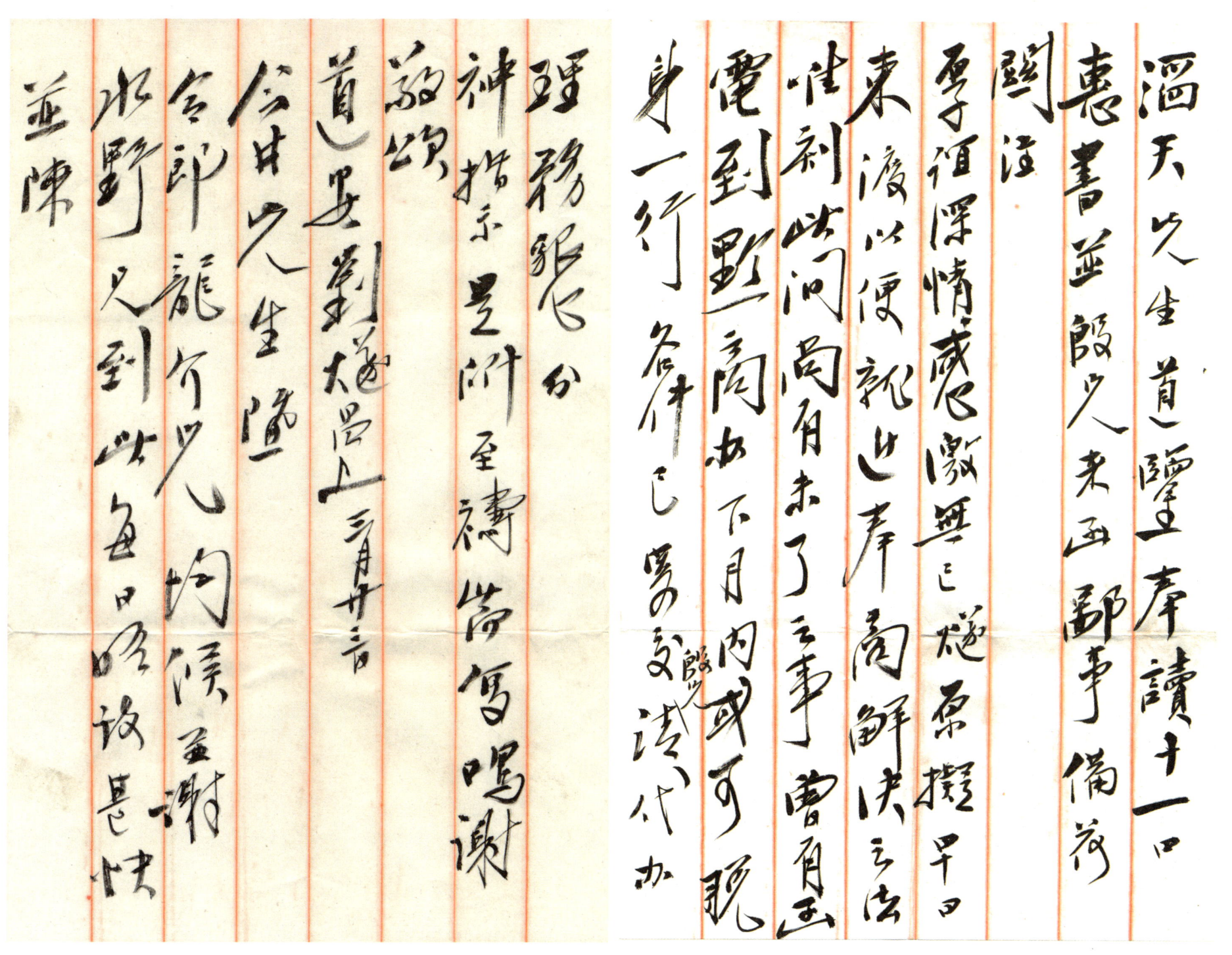

刘燧昌致宫崎滔天函（1920年3月23日）

 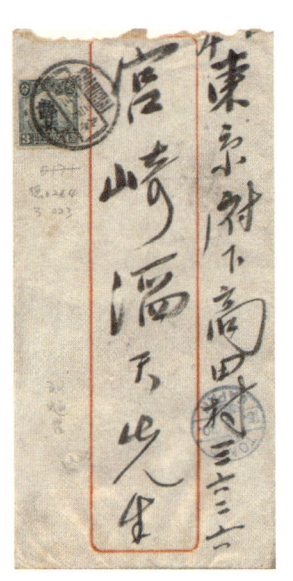

释读

滔天先生道鉴：

奉读十一日惠书，并殷兄来函，鄙事备荷关注，厚意深情，感激无已。燧原拟早日东渡，以便就近奉商解决之法，唯刻此间尚有未了事，曾有函电到黔商办，下月内或可脱身一行。各件已寄交殷兄，请代办理，务恳分神指示，是所至祷。专复鸣谢。敬颂

道安

今井先生暨令郎龙介兄均候并谢。水野兄到此每日晤谈甚快，并陈。

刘燧昌上

三月二十三日

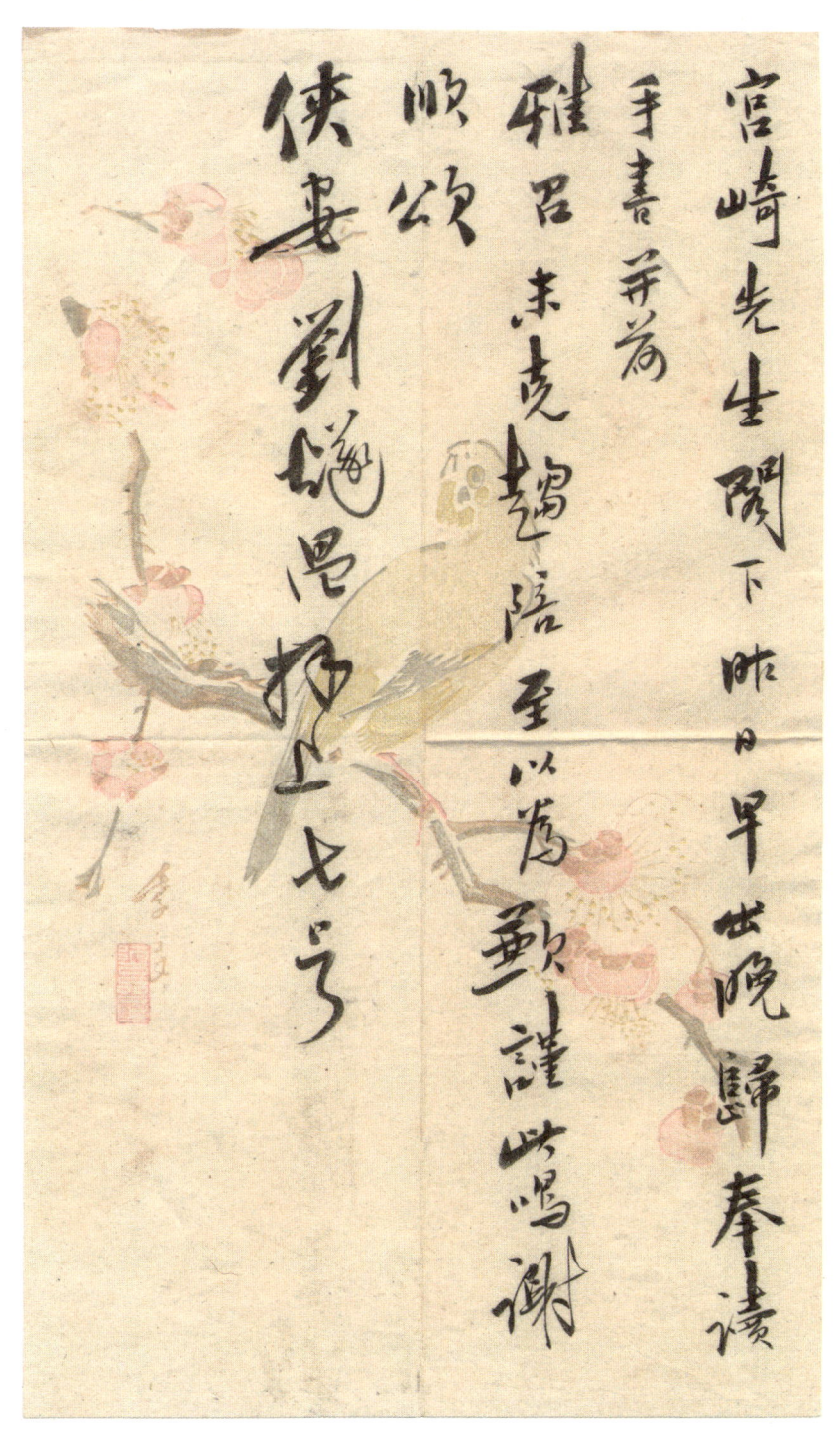

宫崎先生閣下昨日早也晚歸奉讀
手書并荷
雅召未克趨陪至以為歉謹此鳴謝
順頌
俠安 劉熾昌拜上 七日

刘熾昌致宫崎滔天函（□年□月7日）

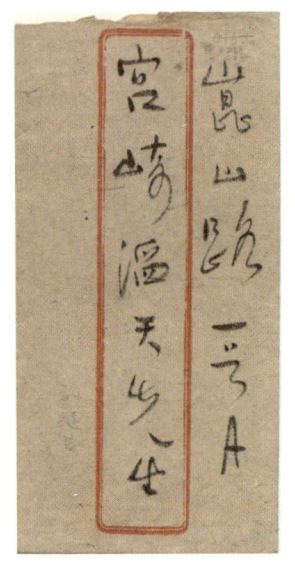

释读

宫崎先生阁下：

　　昨日早出晚归，奉读手书，并荷雅召，未克趋陪，至以为歉！谨此鸣谢。顺颂

侠安

　　　　　　　　　　　　刘燧昌拜上

　　　　　　　　　　　　　七号

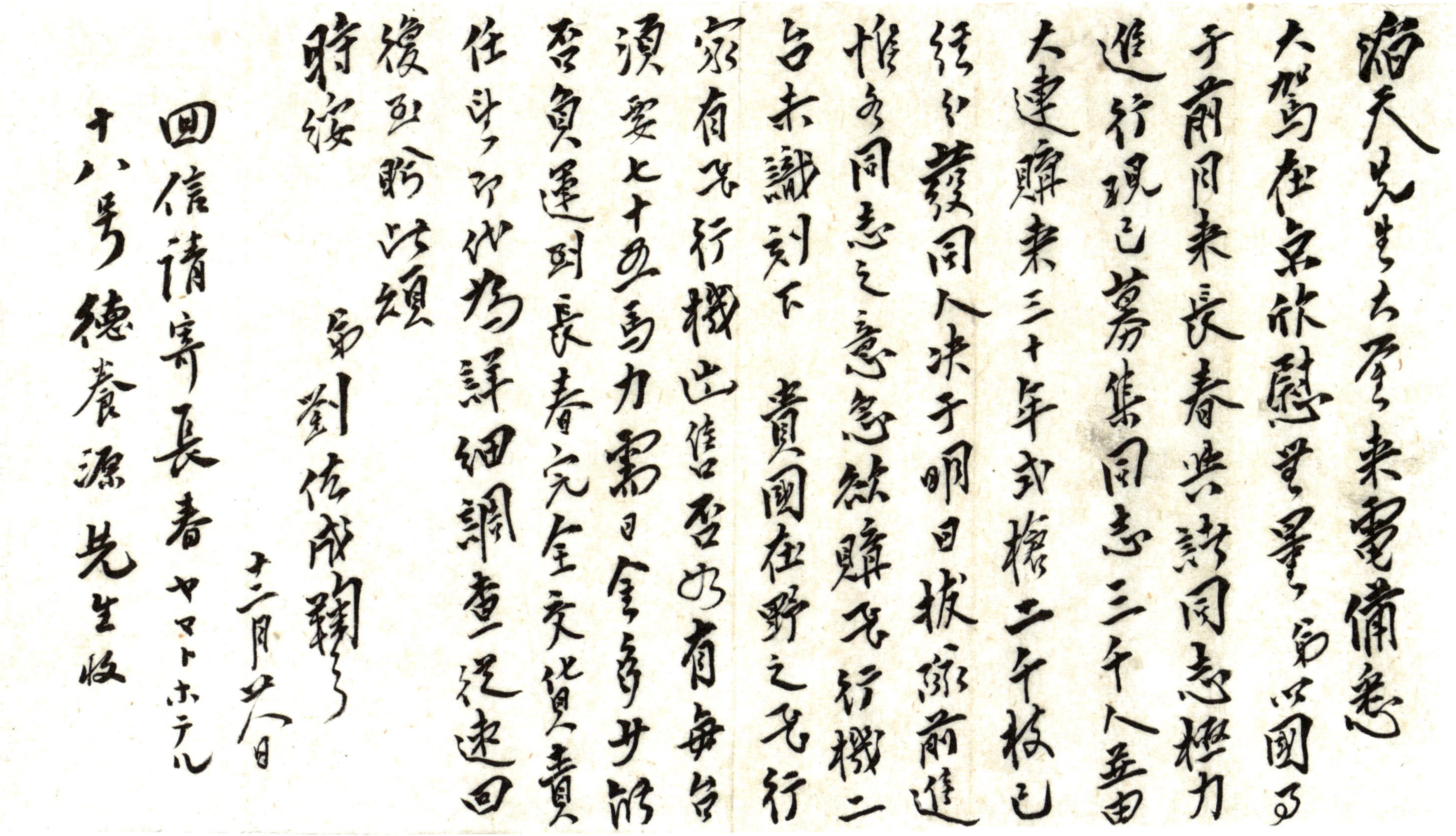

滔天先生大鑒 來電備悉 大駕在京欣慰其甚 貴同盟四國之于前月來長春與許同志極力進行現已募集同志三千八百至由大連辦來三十年式槍二千枝已經知護同人來于明日搬運前進惟多同志之意欲購毛行機二台未識到 貴國在野之毛行家有毛行機出售否如有每台須要七十五萬力需日金多少請吾負運到長春完全交此負責任外 此他為詳細調查從速回復亚盼 此頌

時綏

弟 劉佐成鞠躬

十二月廿八日

回信請寄長春ヤマトホテル十八号德養源先生收

刘佐成致宫崎滔天函（1917年12月28日）

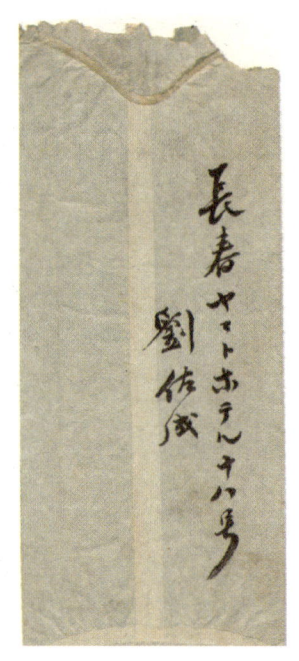
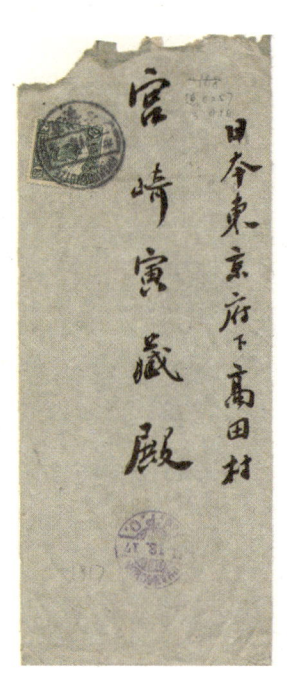

释读

滔天先生大鉴：

　　来电备悉。大驾在京，欣慰无量。弟以国事于前月来长春，与诸同志极力进行。现已募集同志三千人，并由大连购来三十年式枪二千枝，已经分发同人，决于明日拔队前进。惟各同志之意，急欲购飞行机二台，未识刻下贵国在野之飞行家有飞行机出售否？如有，每台须要七十五马力，需日金多少，能否负运到长春完全交货责任？望即代为详细调查，从速回复。至盼。此颂

时绥

　　　　　　　　　　　　　　　　　　　　　　　弟刘佐成鞠躬

　　　　　　　　　　　　　　　　　　　　　　　十二月二十八日

回信请寄长春ヤマトホテル[日文，大和旅馆]十八号德养源先生收

敬覆者昨接来玉翰悉
至辞康健淘家潭祺良慰遠祝西
命之件業已著手進行今晨開由廠
毎居云有二張出口護照一玉萬擔
一枚ハ三萬擔三萬擔ノ方ハ由天津出口
五萬擔ノ方ハ由上海出口護照持テ人ハ就
済元ノ参謀デ仲用ハ（コミッション）毎擔ハ二十支例
（一擔宛ニ）
ベバ五萬擔ナラ就済元ノ参謀ハ十萬元ノ
支那金要ル三萬擔ノ方ハ六萬元ノ支那
金要ルアマリ擔数大キイカラ少シハ直接ニ安
徴省ニ手徔ガヤリミタ五六口確ニ返事来ル
御奥様ノ方ハ擔数幾何要ルカスグニ返事
下サイ寿洺謹覆不一
宮崎滔蔵　均安
　御奥様
市劉佐成鞠躬
　一月二十八日

刘佐成致宫崎滔天函（1919年1月28日）

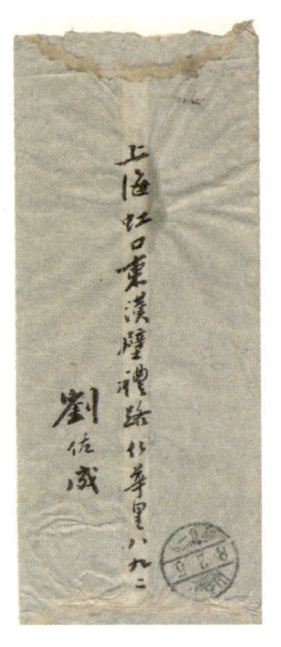
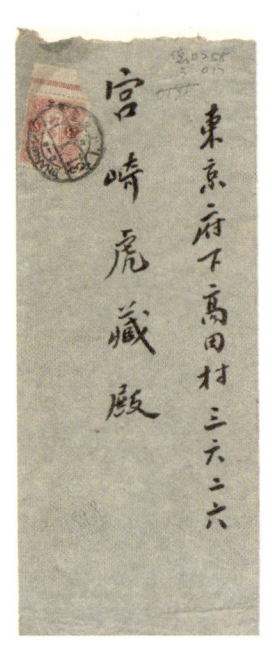

释读

敬覆者

　昨接来函、敬悉玉体康健、阖家谭祺良慰远祝。所命之件業已著手進行、今晨聞田廣舟君云有二張出口護照、一枚ハ五萬擔、一枚ハ三萬擔。三萬擔ノ方ハ由天津出口、五萬擔ノ方ハ由上海出口、護照持チ人ハ龍済光ノ参謀デ、仲用ハ（コミション）。毎擔（一擔宛口）ハ二十戈。例エバ五萬擔ナラ、龍済光ノ参謀ハ十萬元ノ支那金要ル。三萬擔ノ方ハ六萬元ノ支那金要ル。アマリ擔数大キイカラ、小生ハ直接ニ安徽省ニ手紙ガヤリマシタ。五六日確ニ返事来ル。御奥様ノ方ハ擔数イクラ要ルカ、スグニ返事下サイ。専此謹覆　敬具

宮崎寅蔵

御奥様　　均安

弟劉佐成鞠躬

一月廿八日

中译文

敬复者：

昨接来函，敬悉。

玉体康健，合家潭祺，良慰远祝。所命之件，业已着手进行。今晨闻田广舟君云有两张护照，一张五万担，一张三万担（价格日元）。三万担之由天津出境，五万担之由上海出境。护照持有人为龙济光之参谋。手续费（佣金、手续费））每担为二十钱，比如五万担的话，龙济光的参谋要十万元中国币，三万担的话要六万元中国币。由于钱数过大，小生直接向安徽省寄信，预计五六日能回信，尊夫人要哪张呢，请速回复。专此谨复。

敬具
宫崎寅藏
尊夫人均安

弟刘佐成鞠躬
一月二十八日

担保額うりすんで持上ッテ寒ニ失礼ニシテ貴
様が大景寛客ナル者デスから何モ早輕罪ニシテ下サレ
先ッ上海ニ居ルト亀井で貴様か山東者方
面ノ牛が澤山買ウ様ニアル聞イテ貴様か
シテル今澤山ニアル自分が来月ニ山東省ノ役人が
本當ニ資本家ニ金がタスアルナウ(壹ハ合資会社キニテ)電聚
和ニ耀ニセワニテ持上ゲル字派ヤ式電報ヤ返事ナウ
ウマク成功ニテ

北京後門豆腐池胡同田宅ニ御送テ下サイ
又ス今頃気候か大変悪ウカラ御身体か大切ニテ
下サイ 御客か叙事件敬候
宮崎滔天先生 神案華几
御奥様 様かう

劉佐成 上言

刘佐成致宫崎滔天函（1920年2月9日）

宫崎滔天家藏民国人物书札手迹（第五卷）

释读

拝啓

暫ラク手紙ヲ持上ナクシテ、実ニ失礼シマシテ、貴様か大量寛容ナル者デスカラ、何卒恕罪シテ下サイ。先ツ上海ニ居ルトキ亀井様カラ聞イテ、貴様ガ山東省方面ノ牛ガ沢山買積リ事アル。今私ハ山東省重要役人ガシテル人ガ澤山アル。自分ガ来月モ山東省ノ役人ガナッテ、若シ本当ニ資本家金ガタスアルナラ（或ハ合資会社ヲコシテ）、私ハ確ニセワシテ（ウマク成功シテ）持上ゲ候。手紙ヤ或電報ヤ返事ナラ、北京後門豆腐池胡同田宅ニ御送テ下サイ。又タ今頃気候ガ大変悪イカラ御身体ガ大切シテ下サイ。餘容後叙、専此敬請

　宮崎滔天先生福安并請

　宮崎滔天先生福安並

　御奥様粧安

弟劉佐成上言

中译文

拜启：

久未回信，失礼之至。您宽宏大量，还请恕罪。居上海之龟井先生听说您欲大量收购山东省产的牛。今我熟识之山东省重要官员很多，我本人也于下月赴山东省任职。若果有资本家欲投资（或成立合资公司）需要我帮忙，请投函或电报回复至北京后门豆腐池胡同田宅。近来气候非常糟糕，敬请保重身体。余容后叙，专此敬请

宫崎滔天先生福安并

尊夫人妆安

弟刘佐成上言

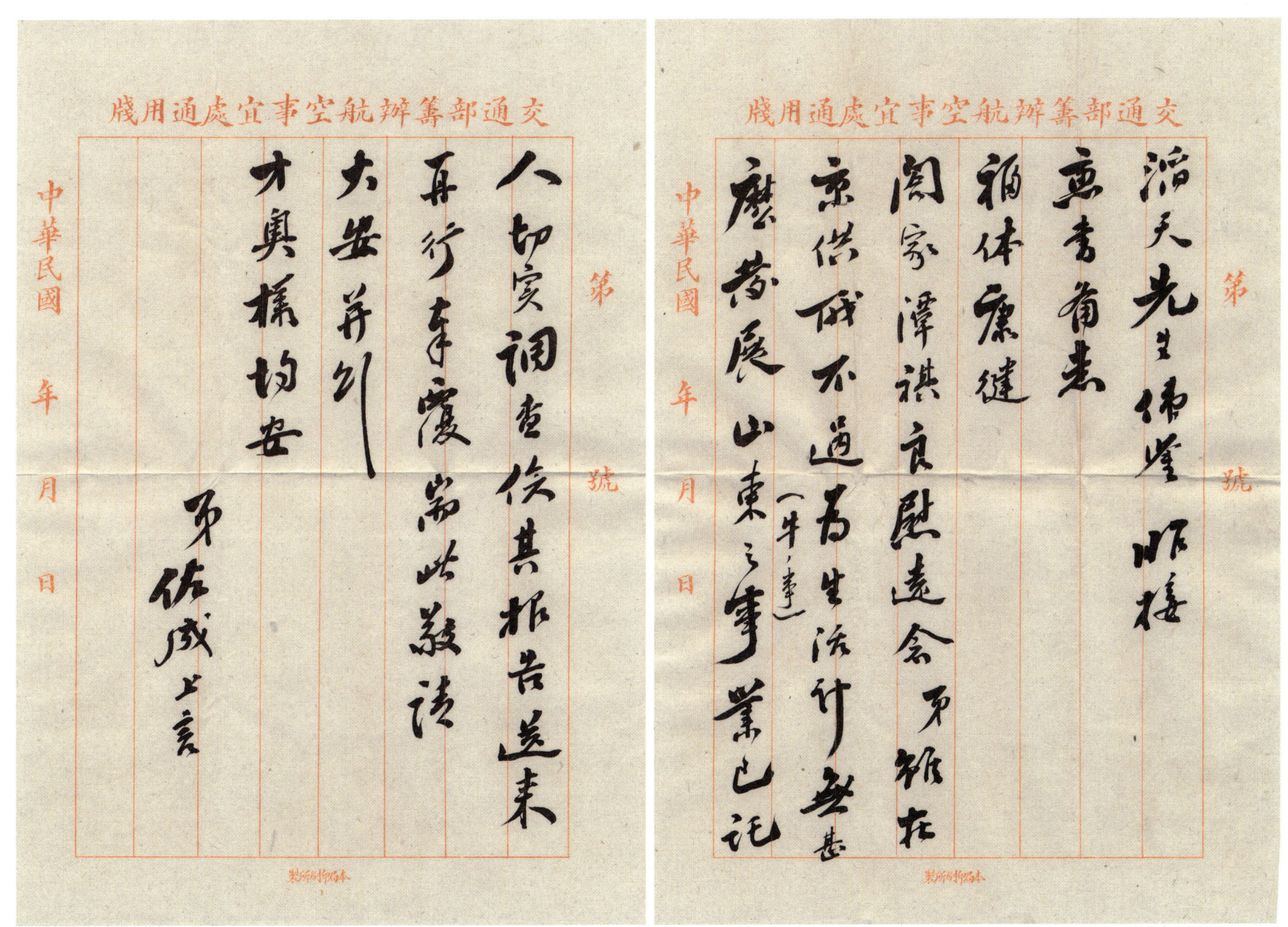

刘佐成致宫崎滔天函（1920年3月9日）

 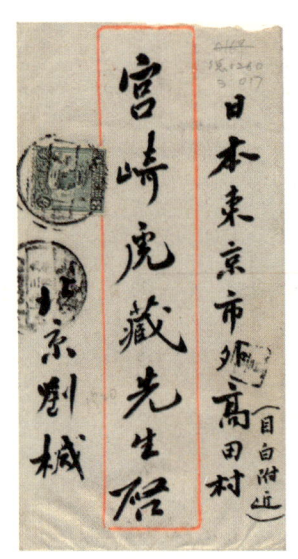

释读

滔天先生伟鉴：

  昨接惠书，备悉福体康健，阖家潭祺，良慰远念。弟虽在京供职，不过为生活计，无什么发展。山东之事（牛之事），业已托人切实调查，俟其报告送来，再行奉复。专此。敬请

大安并叩

尊夫人均安

弟刘佐成上言

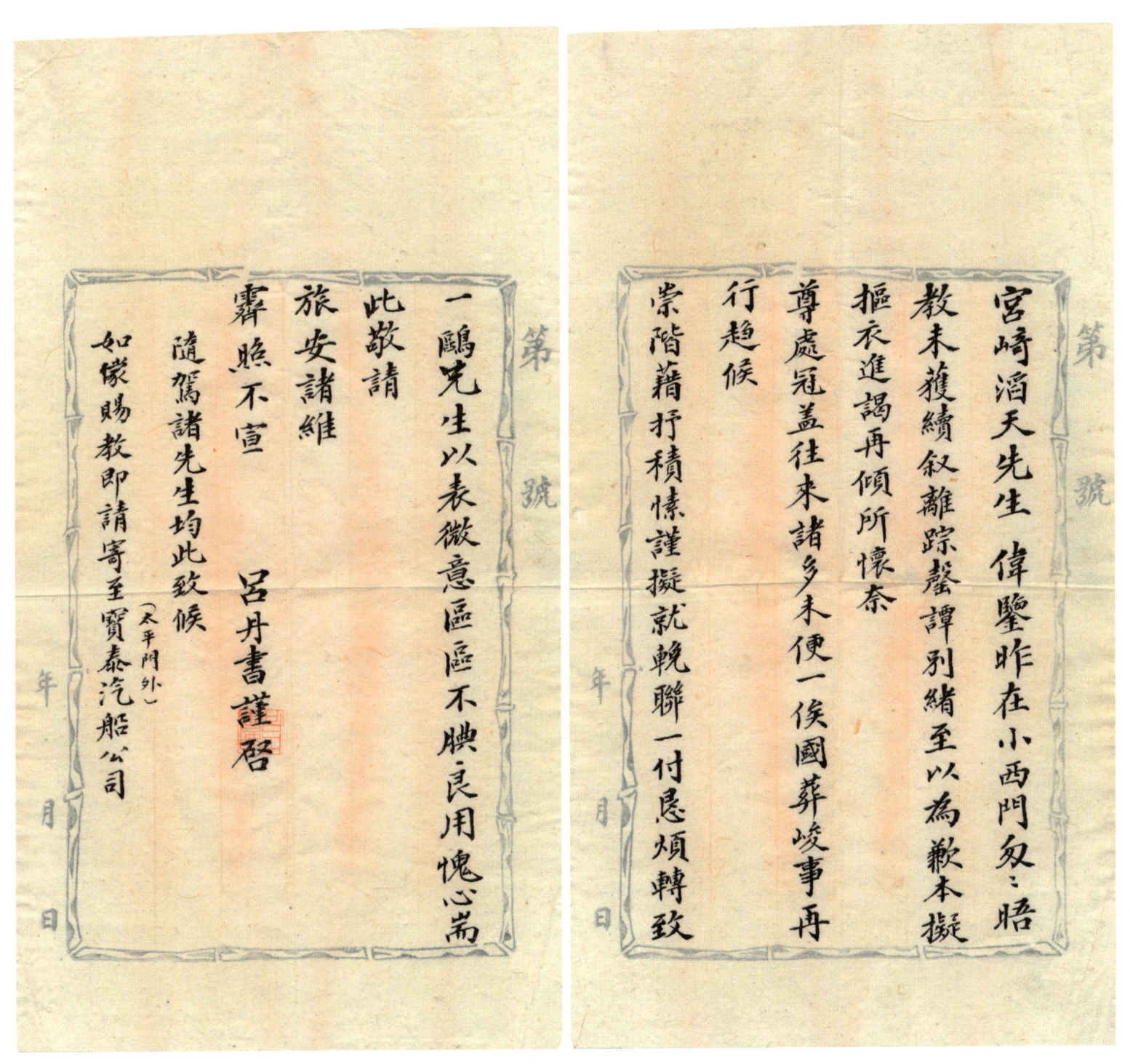

吕丹书致宫崎滔天函（1917年□月□日）

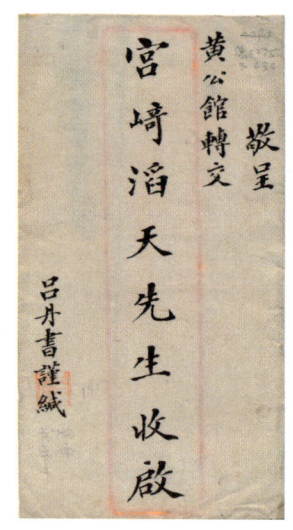

释读

宫崎滔天先生伟鉴：

　　昨在小西门匆匆晤教，未获续叙离踪，罄谭别绪，至以为歉。本拟抠衣进谒，再倾所怀，奈尊处冠盖往来，诸多未便。一俟国葬竣事，再行趋候崇阶，藉抒积愫。谨拟就挽联一付〔副〕，恳烦转致一鸥先生，以表微意。区区不腆，良用愧心。专此。敬请

旅安！诸维

霁照不宣

　　　　　　　　　　　　　　　　　　　　　　　　　　吕丹书谨启

　　随驾诸先生均此致候

　　如蒙赐教，即请寄至（太平门外）宝泰汽船公司

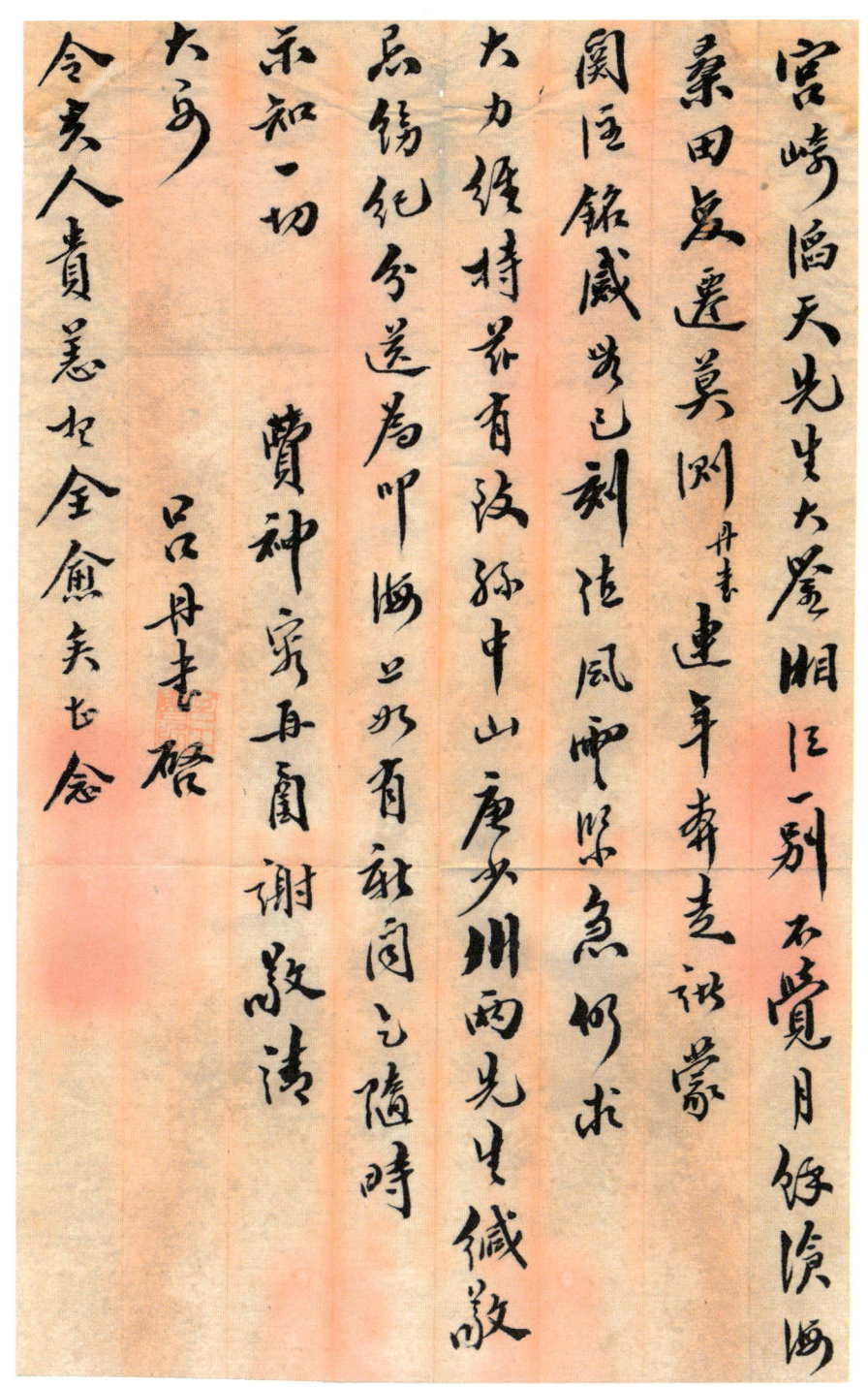

吕丹书致宫崎滔天函（1917年□月□日）

 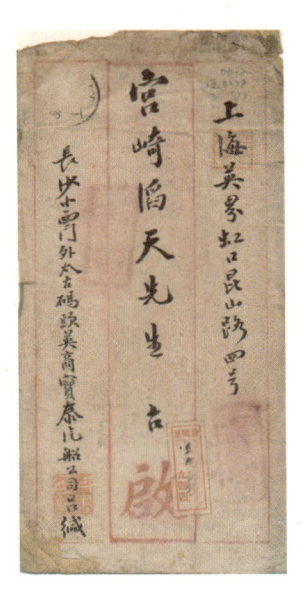

释读

宫崎滔天先生大鉴：

  湘江一别，不觉月余。沧海桑田，变迁莫测。丹书连年奔走，诸蒙关注，铭感无已。刻值风云紧急，仍求大力维持。兹有致孙中山、唐少川两先生缄，敬恳饬纪分送为叩。海上如有新闻，乞随时示知。一切费神，容当再函谢。敬请

大安

吕丹书启

令夫人贵恙想全〔痊〕愈矣，甚念

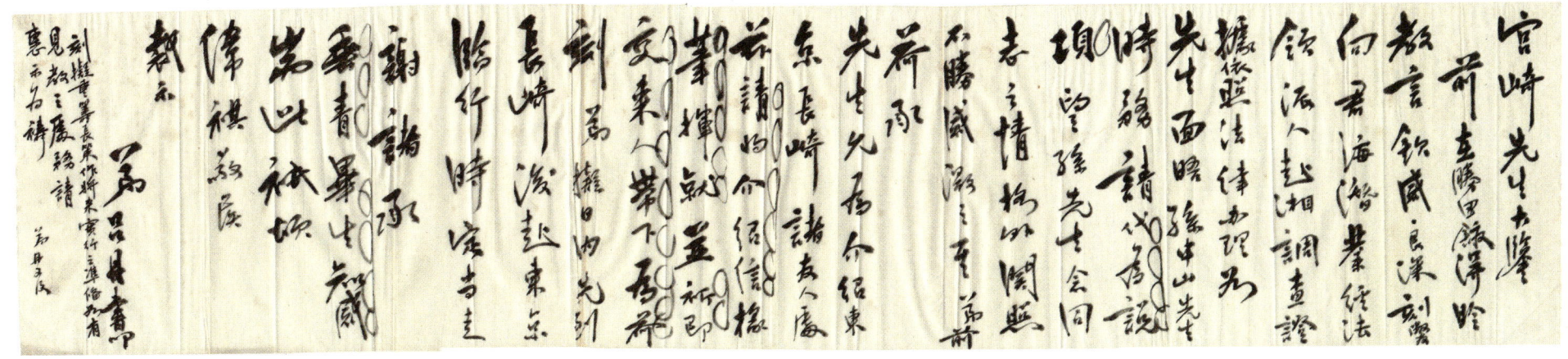

吕丹书致宫崎滔天函

释读

宫崎先生大鉴：

　　前在胜田馆得聆教言，钦感良深。刻敝友向君海潜，业经法领派人赴湘调查证据，依照法律办理。如先生面晤孙中山先生时，务请代为说项，望孙先生念同志之情，格外关照，不胜感激之至！弟前荷承先生允为介绍东京、长崎诸友人处，兹请将介绍信椽笔挥就，并祈即交来人带下为荷。刻弟拟日内先到长崎，后赴东京，临行时定当走谢。诸承垂青，毕生知感。专此。祗颂

伟祺！敬候裁示。

弟吕丹书叩

刻拟重筹长策，作将来实行之准备。如有见教之处，务请惠示为祷。弟丹又及。

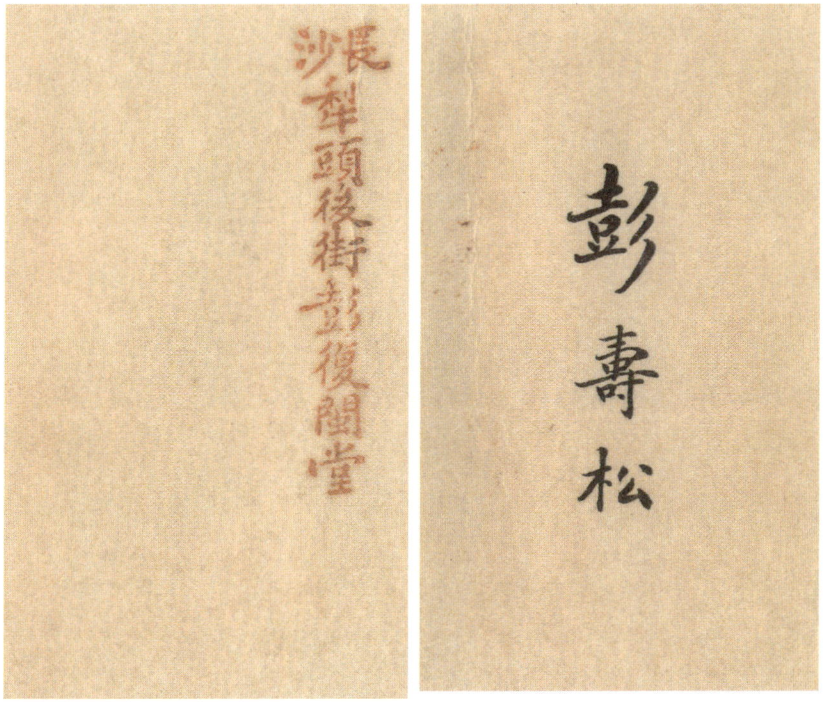

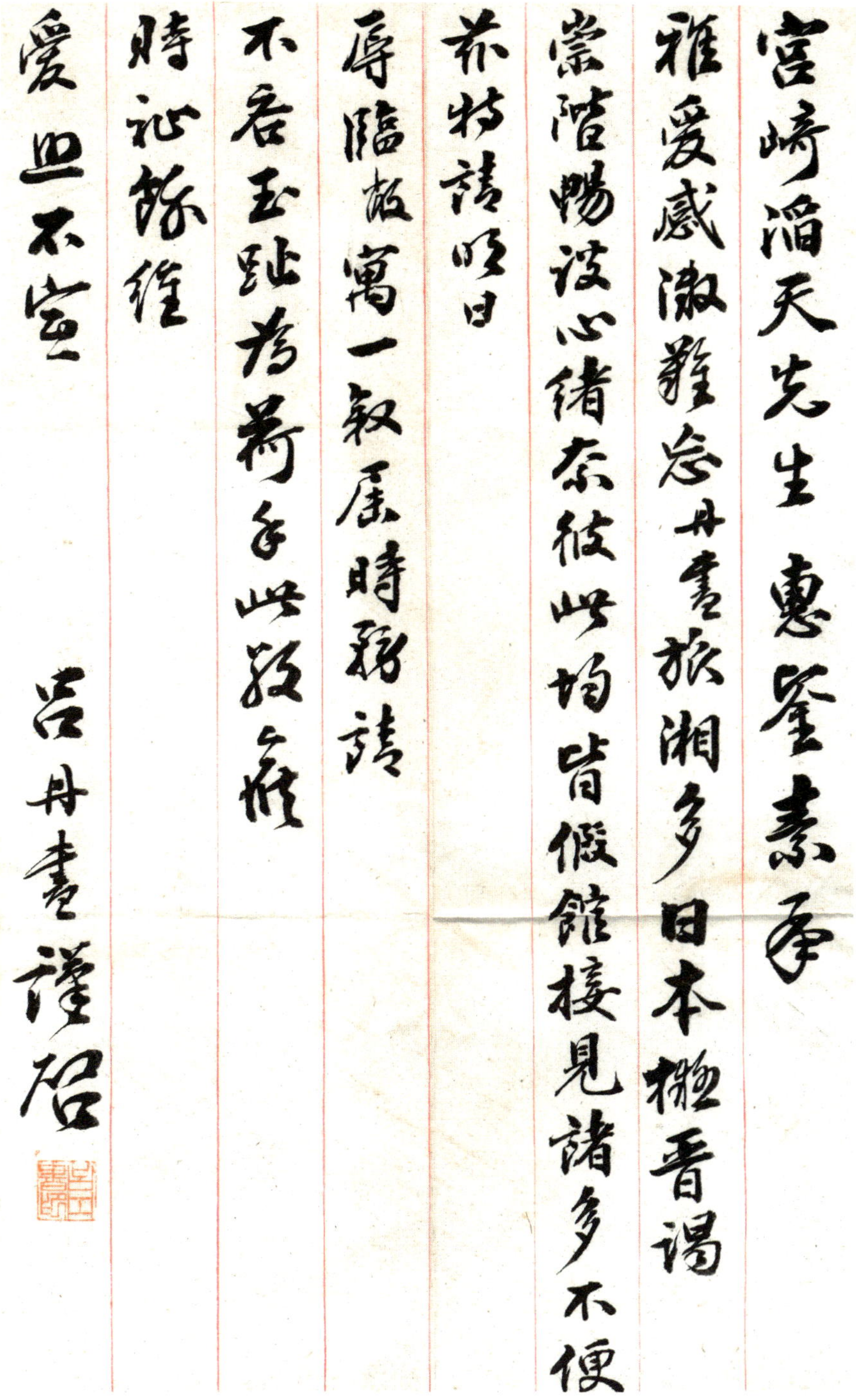

宮崎滔天先生惠鑒素承
雅愛感激難忘丹書旅湘多日本擬晉謁
崇階暢致心緒奈彼此均皆假館接見諸多不便
荷袸諸明日
厚臨敞寓一叙屆時務請
不吝玉趾為荷手此敬布
時祉旅祺
愛此不宣

吕丹書謹啓

彭壽松

長沙犁頭後街彭復閬堂

吕丹书致宫崎滔天函

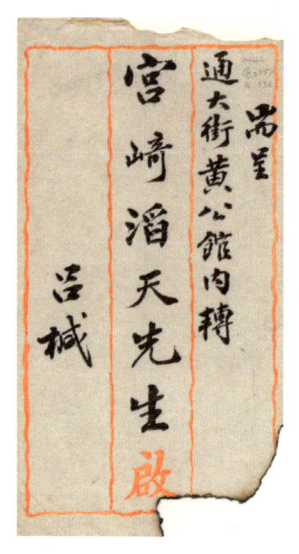

释读

宫崎滔天先生惠鉴：

　　素承雅爱，感激难忘。丹书旅湘多日，本拟晋谒崇阶，畅谈心绪。奈彼此均皆假馆接见，诸多不便。兹特请明日辱临敝寓一叙，届时务请不吝玉趾为荷。手此。敬候

时祉。余维

爱照不宣

吕丹书谨启

彭寿松

长沙犁头后街彭复闽堂

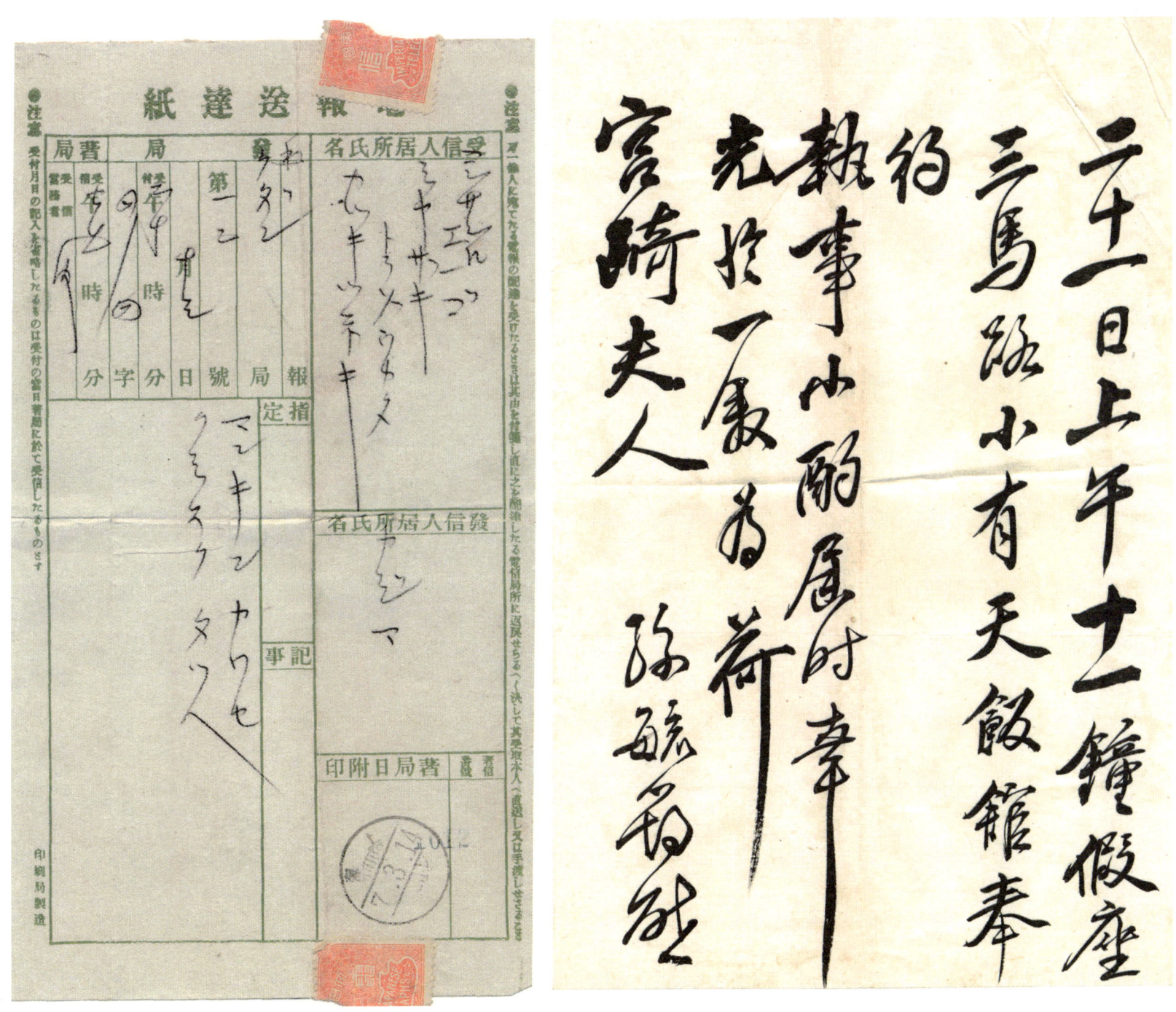

孙毓筠致宫崎滔天夫人函（1914年7月3日）

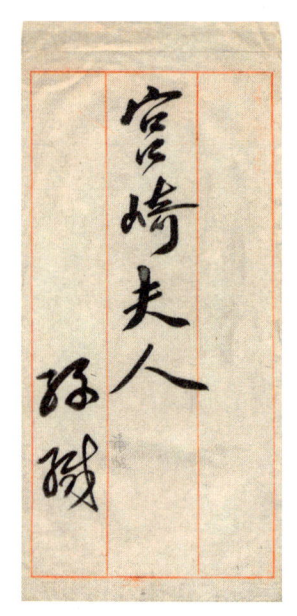

释读

宫崎夫人：

二十一日上午十一钟假座三马路小有天饭馆奉约执事小酌，届时幸光临一叙为荷。

孙毓筠启

山東江蘇安徽三省民軍勢力之概畧

山東民軍

西路

顧德臻部下三千餘人占據平原東昌高唐等處

李雲清部下二千人占據夏津東平陽穀汶上東阿等處

王德盛部下二千餘人占據單曹及江蘇豐沛華處

范秉新部下二千人占據金鄉嘉祥鉅野一帶

胡明憲部下一千餘人占據滴寧鉅野一帶

梁腾懷部下一千餘人占據鄆城濮縣等處

杜廷秀部下步兵騎兵合計兩千餘人亦在東平一帶與李雲清顧德臻兩部會合爲山東民軍之中堅各部以此爲主體其總司令爲聲望最著之人暫時尚未便宣布

東路

史殿臣部下一千五百餘人占據嶧縣與江蘇沛縣一帶

郭泰盛部下三千餘人占據鄒縣滕縣嶧縣一帶与史殿臣所部會合

以上皆山東已發動之民軍

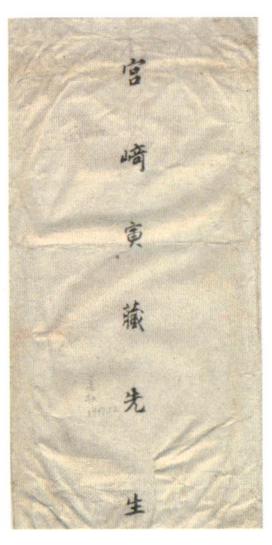

释读

山东、江苏、安徽三省民军势力之概略

山东民军

西路

顾德麟部下三千余人，占据平原、东昌、高唐等处。

李云清部下二千人，占据夏津、东平、阳谷、汶上、东阿等处。

王德盛部下二千余人，占据单、曹及江苏丰、沛等处。

范秉新部下二千人，占据金乡、嘉祥、巨野一带。

胡明宪部下一千余人，占据济宁、巨野一带。

梁胜怀部下一千余人，占据郓城、濮县等处。

杜廷秀部下步兵、骑兵合计两千余人，亦在东平一带，与李云清、顾德麟两部会合，为山东民军之中坚。各部以此为主体，其总司令为声望最著之人，暂时尚未便宣布。

东路

史殿臣部下一千五百余人，占据峄县与江苏沛县一带。

郭泰盛部下三千余人，占据邹县、滕县、峄县一带，与史殿臣所部会合。

以上皆山东已发动之民军。（续下页）

此外尚有二萬餘人不日亦將相継嚢發但尚嚢密以前未便宣布

又山東軍隊約有三分之二暗向民軍聯合嚴守中立故月以來永未與民軍交戰永其明證至中有已響応民軍者如杜廷秀本係現任陸軍營長月前恩率全部由滕縣出發占領鄒平與颌李兩部聯合并携有大砲兩予機關鎗四架山東民軍勢力因此驟形膨脹此外尚有某鎮守使某旅長某團長等受某將軍委任聲言一俟機會成熟即將大舉但永發嚢以前未便將乒姓名宣佈耳

江蘇民軍

蘇有民軍大部份皆在江此徐淮海一带且大率皆山東冤剿各属民軍一支派現在占攄豐縣蕭鐌民軍師係史殿臣王德感兩人所部蕭屬民軍敖目甚舉姑左

六合江浦溧水溧陽如皋泰餘一带約有四千餘人清和山陽泗陽沭陽赣榆一带約有五千餘人豐沛蕭碭宿遷睢寧一帶約有四千餘人

释读

（接上页）

此外尚有二万余人，不日亦将相继发难，但未发动以前未便宣布。

又山东军队约有三分之二，暗与民军联合，严守中立。数月以来，永〔从〕未与民军交战，是其明证。其中，有已响应民军者，如杜廷秀，本系现任陆军营长，月前忽率其全部由滕县出发，占领东平，与顾、李两部联合，并携有大炮两尊、机关枪四架。山东民军势力因此骤形膨胀。此外，尚有某镇守使、某旅长、某团长等暗受某将军委任，整备一切，一俟机会成熟，即将大举。但未发动以前，未便将其姓名宣布耳。

江苏民军

苏省民军大部分皆在江北徐淮海一带，且大半皆与山东兖、曹各属民军同一支派。现在占据丰、沛、萧、砀之民军，即系史殿臣、王德盛两人所部。兹将各属民军数目略举如左：

六合、江浦、溧水、溧阳、如皋、泰县一带约有四千余人。

清和、山阳、泗阳、沭阳、赣榆一带约有五千余人。

丰、沛、萧、砀、宿迁、睢宁一带约有四千余人。（续下页）

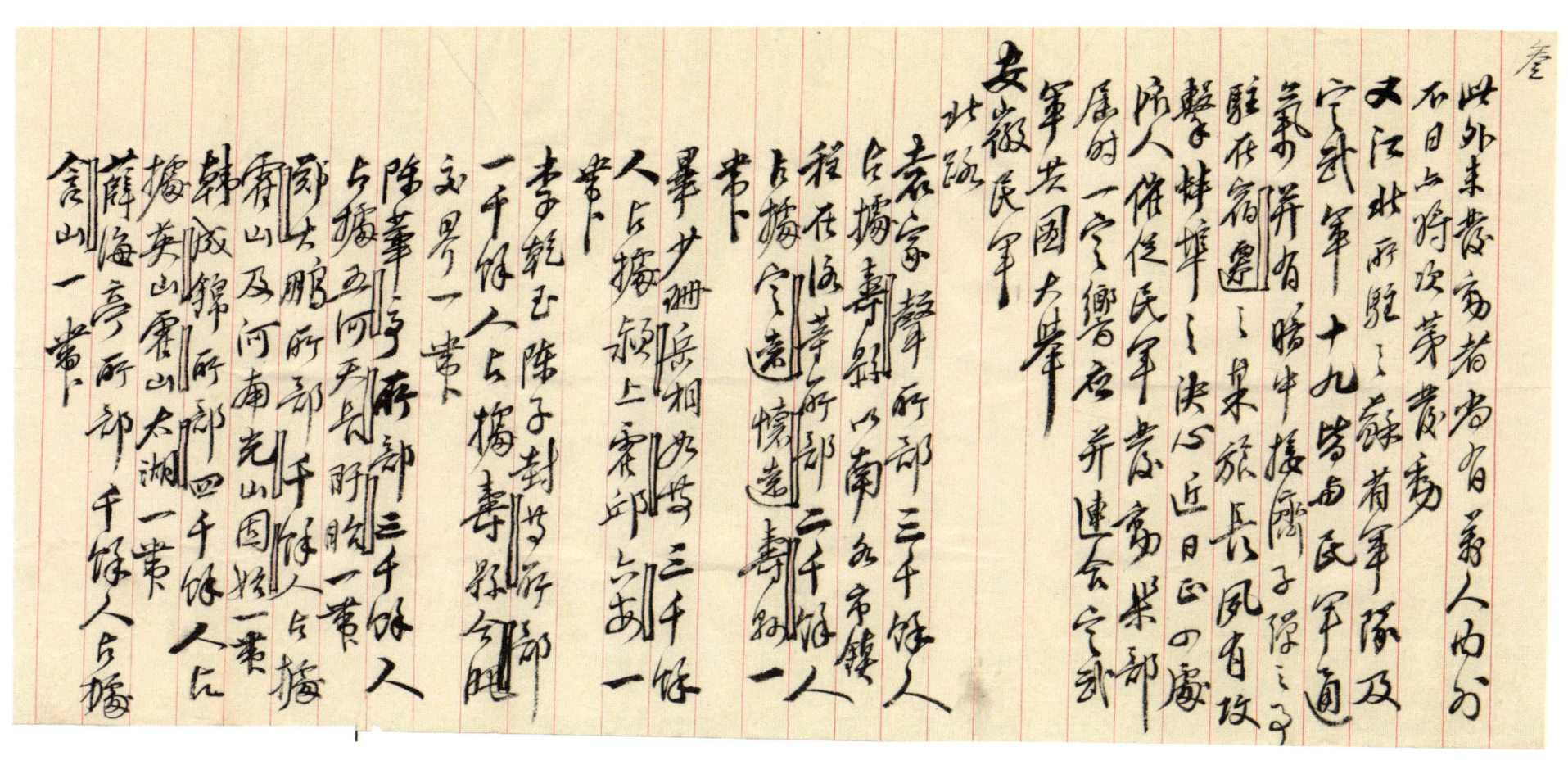

孙毓筠致宫崎滔天函（1917年12月）（三）

释读

(接上页)

此外,未发动者尚有万人内外,不日亦将次第发动。又江北所驻之苏省军队及定武军十九皆与民军通气,并有暗中接济子弹之事。驻在宿迁之某旅长夙有攻击蚌埠之决心,近日正四处派人催促民军发动,渠部届时一定响应,并连〔联〕合定武军共图大举。

安徽民军

北路

袁家声所部三千余人,占据寿县以南各市镇。

程在洛等所部二千余人,占据定远、怀远、寿县一带。

毕少珊、岳相如等三千余人,占据颍上、霍邱、六安一带。

李乾玉、陈子封等所部一千余人,占据寿县、合肥交界一带。

陈华高所部三千余人,占据五河、天长、盱眙一带。

郑大鹏所部千余人,占据霍山及河南光山、固始一带。

韩成锦所部四千余人,占据英山、霍山、太湖一带。

薛海亭所部千余人,占据含山一带。(续下页)

南路

太平宣城廣德寧國南陵
達平及屬警省隊皆暗
與民軍聯合安武軍第一
第七及第八各路以上與民
軍通氣專候時機一至
即由蕪湖太平宣城芳屬
聯合舉事惟未發將屬心
前任事許人姓名俟定
布

浙省湖州所屬之泗安鎮與
廣德交界粵後鎮所駐之警
有隊及陸軍早與民軍
接洽皖南省一旦舉動後
隊即立時可以響應

發左角隊四營陸軍兩營駐在
泗安鎮及附近各屬一日可行
抵廣德

皖南各屬民軍共約有四千
人以上

安徽皖北各屬民軍月前已
經先後發動官武軍駐在
壽郡合肥者其十六營省
民軍甚高以及後該軍即用
接洽聲明嚴守中立決不
抵抗現在部民軍決一致
南下令為二路一路由舒城入
霍山與鄧幹鵬林成錦合共
圖安慶一路由會山和舒渡
江而南攻蕪湖至在西所轄
民軍共攻蕪湖

释读

（接上页）

南路

太平、宣城、广德、宁国、南陵、建平各属警备队，皆暗与民军联合，安武军第一、第七、第八各路亦半与民军通气，专候时机一至，即由芜湖、太平、宣城等处联合举事。惟未发动以前，任事诸人姓名未便宣布。

浙省湖州所属之泗安镇与广德交界，该镇所驻之警备队及陆军早与民军接洽，皖南有一处发动时，该队即立时可以响应（警备队四营、陆军两营驻在泗安镇及附近各处，一日可行抵广德）。皖南各属民军共约有四千人以上。

安徽皖北各属民军目前已经先后发动。定武军驻在寿县、合肥者共十六营，当民军发动以后，该军即与接洽，声明严守中立，决不抵抗。现各部民军决定一致南下，分为二路，一路由舒城入霍山，与郑大鹏、韩成锦会合，共图安庆；一路由含山、和县渡江，而南与太平、南陵、宣城各属民军共攻芜湖。其在五河、盱（续下页）

倘以上三有民軍勢力頗大
津浦鐵路中段南段皆在
民軍範圍以内一旦聯合
大舉再以軍隊暗中協
助石獨倪逆雖狡必敗之列
卯山東必將入民軍之手
現在民軍勢力日見
增長此淮軍人之猶有
眼光者必能捏大勢之所趨
不敢作此搗抗且有軍隊
援助倪逆蒙辱者再困
一兩月後津浦綫自徹
南以南局面必有重大變
動可以預斷而况溟野
川三有醒軍已任東下
宜昌荆沙别危意郱常一旦
此軍攻路遣斷湘桂軍之
屈時會力友攻此軍必武漢
致西南聯軍會師武漢
自屬意中之事屆时長
昭天長蜜踞守遂懷遠
廬之民軍則勢窮蹙及豐之潮
一帶之民軍聯合大舉並
改鱒埠若宣武軍届时蛇
一致響在則倪逆石立平矣

释读

（接上页）

盱、天长、灵璧、定远、怀远等处之民军，则与宿县及丰、沛一带之民军联合，大举进攻蚌埠。若定武军届时能一致响应，则倪逆不足平矣。

统以上三省民军势力观之，津浦铁路中段、南段皆在民军范围以内，一旦联合大举，再得军队暗中协助，不独倪逆处于必败之列，即山东亦将入民军之手。

现在民军潜势力日见增长，北洋派军人之稍有眼光者，亦鉴于大势之所趋，不敢公然抵抗，且有暗中援助，促其发展者。再阅一两月后，津浦线自济南以南，局面必有重大变动，可以预断。而况滇黔川三省联军已经东下，宜昌、荆州危急非常。一旦宜、荆陷落，则在岳州、长沙之北军后路遽断，湘桂军届时合力反攻，北军必然溃败，西南联军会师武汉，自属意中之事。届时长（续下页）

江阴入南军一起固津浦京汉两铁路保必将为拒南军之手段祺瑞及至党羽皆此三脐石佐不拘内阁推倒兮四者之势必陷长沙消瓦解外人深知南此两方面内容者皆逆料至势必至此所惜日本军阀中人眼光甚短不照中国大势但见段氏复出但图以为此泽势力恢复旧观南方阮其长岳必谁再据一意以金钱军械接吧段氏外交政策始终不改不知彼之所料遁乃至反一误再误此深可为抱怀者也

释读

（接上页）

江既入南军范围，津浦、京汉两铁路线亦将落于南军之手，段祺瑞及其党羽当然立脚不住，不特内阁推倒，即其固有之势，亦从此冰消瓦解。外人深知南北两方面内容者，皆逆料其势必至此。所惜日本军阀中人眼光甚短，不明中国大势，但见段氏复出组阁，以为北洋势力恢复旧观。南方既失长、岳，必难再振，遂一意以金钱、军械扶助段氏，外交政策始终不改。不知彼之所料，适得其反，一误再误，此深可为抱憾者也。

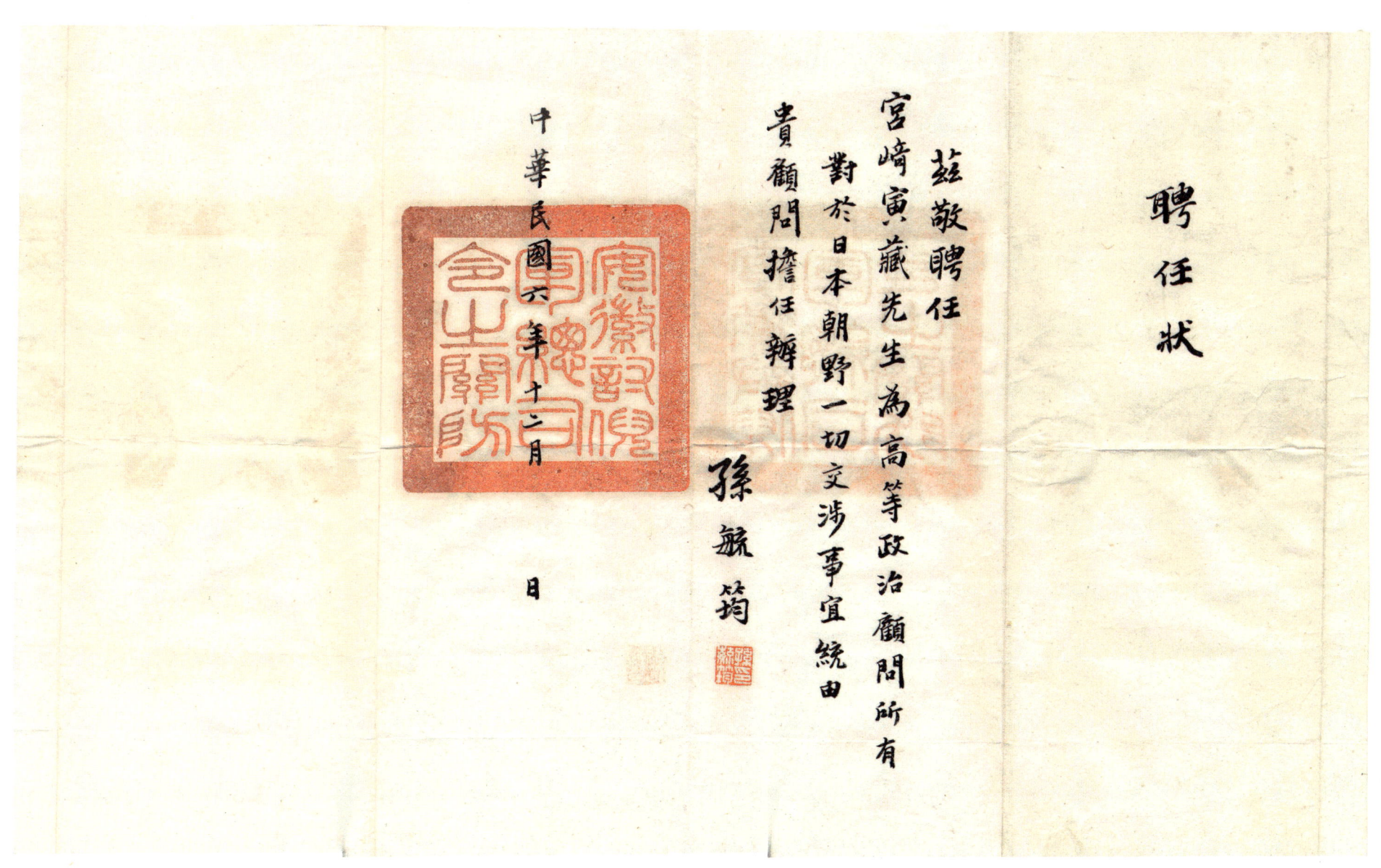

孙毓筠致宫崎滔天函（1917年12月）（七）

释读

聘任状

兹敬聘任宫崎寅藏先生为高等政治顾问,所有对于日本朝野一切交涉事宜统由贵顾问担任办理。

孙毓筠

中华民国六年十二月　日

(印章)安徽讨倪军总司令之关防

滔天先生執事前上一書諒早

達

敬事啟

左右叶兄

尊夫人玉電知僑領事甚省

華蓋擁孛慰慰現在重慶方

面諸事難目下當未能大舉嘗

層武階勢力已傷礙淮水

流域南軍一下岳州華湖

安慶必省動作晚南北屈時

西方聯合大舉現取雲貴

華子成後方年籌款援濟

面復野軍業將周道剛吳光

新驅逐昌明有直趨東下之勢

岳州方面湘桂粵各軍分為

兩路進攻刻已由同道一部

境占據通城崇城截斷武岳

交通岳城三下當在旦夕

荊州方面亦呈以獨立襄陽

繫天下已睹中發合響奔武

漢危急已有不支之勢俊親

大局西南勢力可以坐長逐臻

江西安徽方面軍已陸續派

人布置侯安皖此區軍業經

難在持久故倘頭向題尚多

弟分於旋停僑敢一年多

連來富多幸蒿第為要

徽主雖陰地鄙輕不敢稍

避面

賢夫婦婚後甚力援肫尤

夢●激剌骨永無太

恕兼中譜萆鄙懷似作

見久不考弟敬向

興居第好鯨魚好硪一

十二月六日

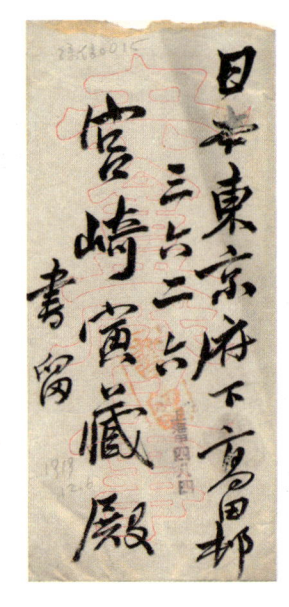
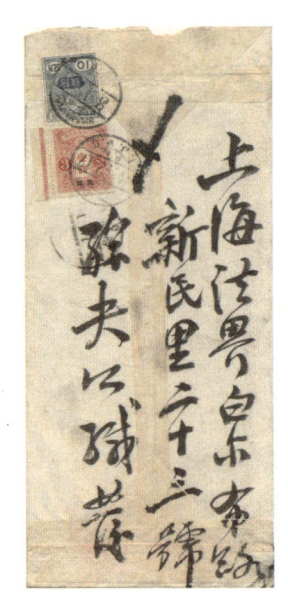

释读

滔天先生执事：

前上一书，谅早达左右。昨见执事致尊夫人函电，知借款事甚有希望，极为忻慰。

现在重庆方面，滇黔军业将周道刚、吴光新驱逐，日内有直趋东下之势。岳州方面湘桂粤各军分为五路进攻，刻已由间道入鄂境，占据通城县城，截断武、岳交通，岳州之下，当在旦夕间。荆州方面，石星川已独立，襄阳黎天才已暗中联合响应，武汉危急，已有不支之势。统观大局，西南势力可望达至长江。至安徽方面，弟已陆续派人布置停妥，皖北民军业经举事，虽目下尚未能大有发展，然潜势力已磅礴淮水流域。南军一下岳州，芜湖、安庆必有动作，皖南北届时必可联合大举。

现所虑者，举事后后方无巨款接济，难以持久。故借款问题实为万分切迫，尚乞大力斡旋，俾借款一事得以速成，实为幸甚。

弟为贯彻主张，险阻艰难，不敢稍避。而贤夫妇始终尽力援助，尤为感激刻骨，永世不忘者也。谨布鄙怀，伏惟亮察，不尽百一，敬问

兴居

弟孙毓筠拜启
十二月六日

滔天仁兄足下 顷读

报事及

尊夫人书藉建

近状安善並荷

雅言殷勤慰勉

至为感激无地

叶又同

双尊夫人电稿

赐以新年抖擞费

以救济经济困难

华金四百元拜领

之下无任铭感

砚山押款业告

成立此事昨晓

有革命有英雄

三新响副不事

机迫在眉睫危

动一省钜额援

济善湖及皖南之

属以为乱期筹款

苏北张敬尧张怀

芝已率军南下盧

集深战方酣言国

难逐逮今

李纯陈光远而代

皖省一面春拟南

浦口押朱战场

之南京京宁沪

南京一宁之響店

以省有产業拋拟

此此日年资本

押机上好機云太

田先生引印可

此省軍与代表李玮

军事代表見宮庵

上海羽已頒寺行

経成买慶鐵或借

款的子就此文述

不難成助中

此事

知爱友人書召省電

报事矣承重承

知爱考力协助此五

夜目思不寒战信

忧憲做功廃韵

不足你们

厚望耳

于此写路称候

新年多福

趣事岂忱

滔天長兄先生阁下

弟孙統等手书

十二月廿九日

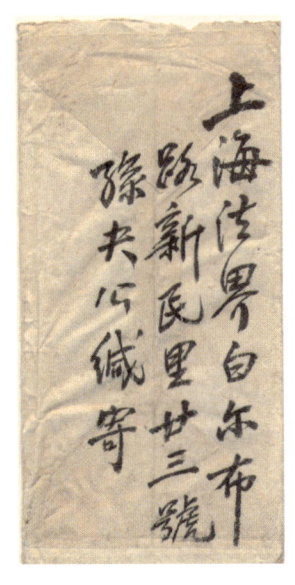
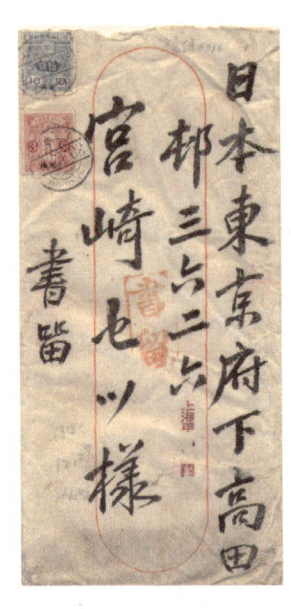

释读

拜启：

　　日前读执事致尊夫人书，藉悉近状安善，并荷雅意殷拳，慰勉交至，感激无极。昨又阅致尊夫人电，猥以敝处经济困难，赐以新年料理费华金四百元，拜领之下，尤深铭泐。

　　矿山押款，业蒙办妥，此事于皖省革命有莫大之影响。刻下事机迫切，亟待发动，一有巨款接济，芜湖及皖南各属即可克期举事。现在张敬尧、张怀芝已率军南下，麇集滁州，意图驱逐李纯、陈光远而代之。南京已下动员令，浦口将成战场。若皖省一旦发动，南京一定响应。

　　目下南京急需借款，拟以省有产业抵押，此正日本资本家投机之好机会。太田先生到后，即可磋商办法。

　　李督军之代表现寓上海，弟已预为介绍，或买废铁，或借款，均可就近交涉，不难成就也。此事尊夫人当已有电达知执事矣。弟重承知爱，尽力协助，五夜自思，为之感泣。惟虑能力薄弱，不足仰副厚望耳。手此鸣谢，祗候起居，并颂

新年多福

弟孙毓筠再拜

滔天长兄先生阁下

十二月二十九日

今日南京来人言武漢旬日以下晚有事亟宜發嚴頂皖南北各都督首領威來舉寓會議即日分頭回皖預備舉事惟弟處已無存欵專行瓷器押欵或交方縣著手辦公代為尋覓不知已否有確實回信弟急劍下需欵弟急但能得二萬五千元立欵即出

再瓷器如果賣要晚事成功亦可償此別樹利或買廣鐵或鐵山如何辦信任公酌之並乞代作保證徐

賣點無不可總再為前進一商如果願買所以此敷減亦但領暗印交歉項再心色如扶夫千元遠為代將捺頴年任迫起行 命一之己

公如不辭也弟鍀又及奉抄趨前事教母盼管来金當須靜擱未審之處言待子然元面運

須遠覺淀諸前代陳惡其言之不厭故再以書直率瑩撥否言言滔天先生閣下弟毓筠郎拜啓二月二日

 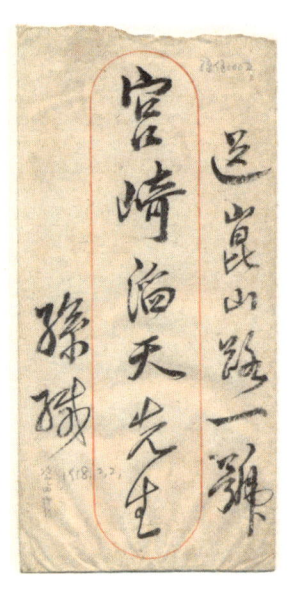

释读

　　今日南京来人，言武汉旬日内可下，皖省事亟宜发动。顷皖南北各部分首领咸来弟寓会议，即日分头回皖，预备举事。惟弟处已无存款，专待瓷器押款成交，方能著手。承公代为寻觅受主，不知已否有确实回信？弟意刻下需款万急，但能得二万五千元之款，即出卖亦无不可。请再与前途一商，如渠愿买，即以此数成交，但须明日即交款项耳。心急如焚，千乞速为代办，临颖无任迫切待命之至。

　　再，瓷器如果卖妥，皖事成功，尚可许买主以特别权利，或买废铁，或矿山，如何办法，请公酌之，并乞代作保证，谅公必不辞也。

弟筠又及

本拟趋前承教，因肺管炎未愈，尚需静摄，未尽之言，请子赞兄面达。

　　顷遣小儿湜诣前代陈，恐其言之不详，故再以书达，幸鉴察为荷。敬上

滔天先生阁下

弟毓筠拜启
二月二日

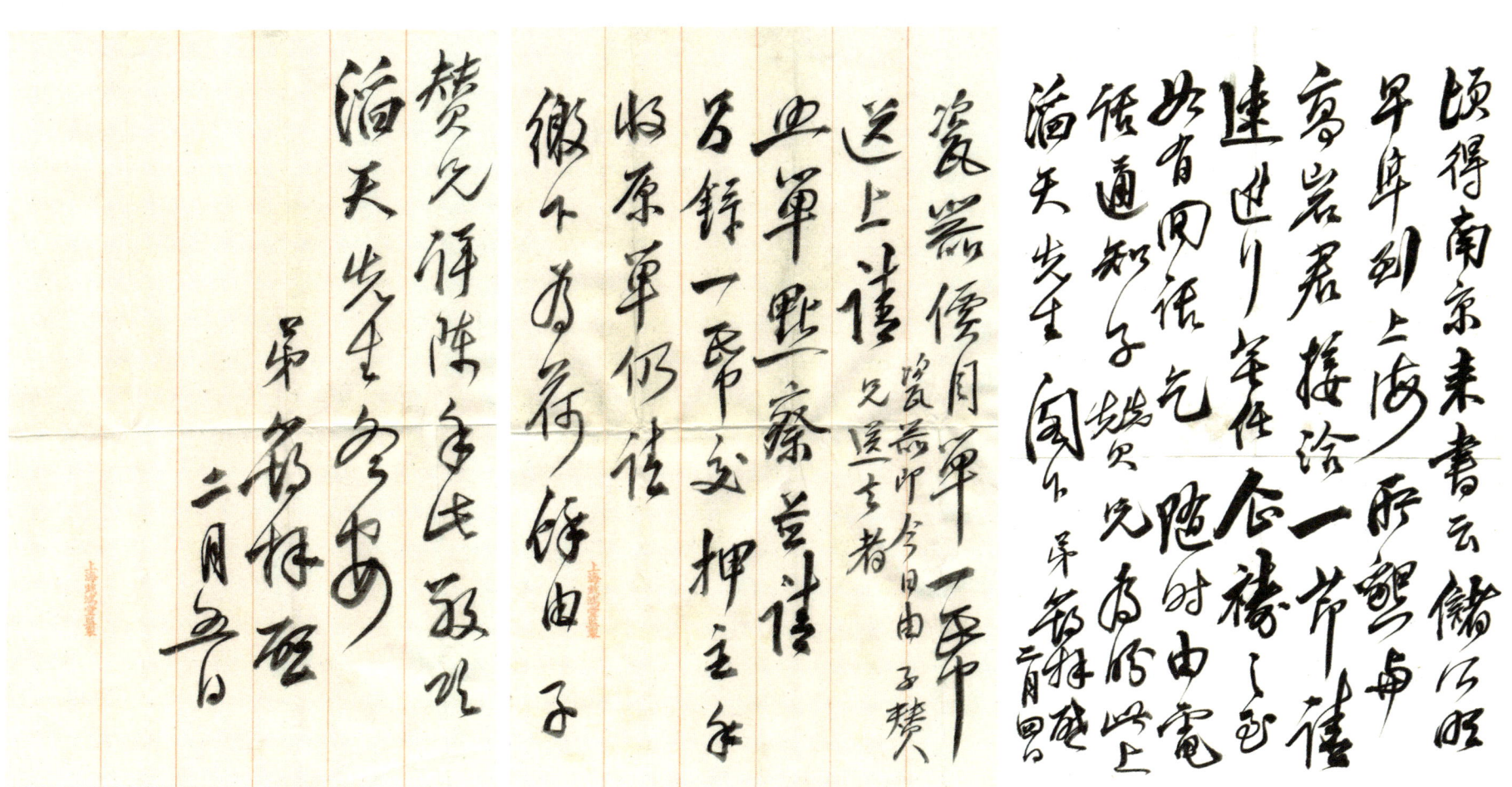

孙毓筠致宫崎滔天函（1918年2月5日）

宫崎滔天家藏民国人物书札手迹（第五卷）

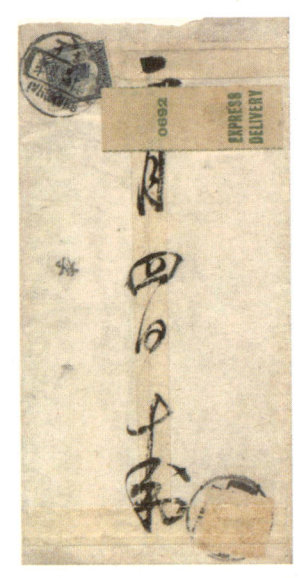 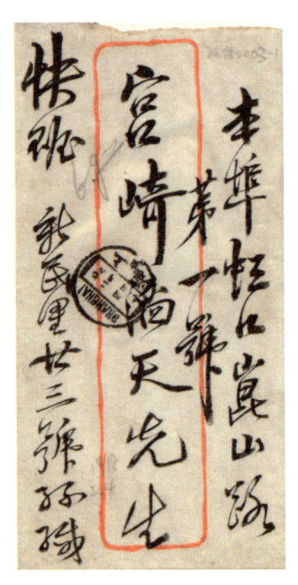

释读

　　顷得南京来书云：储公明早准到上海，所恳与高岩君接洽一节，请速进行，无任企祷之至。如有回话，乞随时由电话通知子赞兄为盼。此上
滔天先生阁下

　　　　　　　　　　　　　　　　　　　　　　　　　弟筠拜启
　　　　　　　　　　　　　　　　　　　　　　　　　二月四日

　　瓷器价目单（瓷器即今日由子赞兄送去者）一纸送上，请照单点察，并请另录一纸交押主手收，原单仍请缴下为荷。余由子赞兄详陈。手此。敬颂
滔天先生冬安

　　　　　　　　　　　　　　　　　　　　　　　　　弟筠拜启
　　　　　　　　　　　　　　　　　　　　　　　　　二月五日

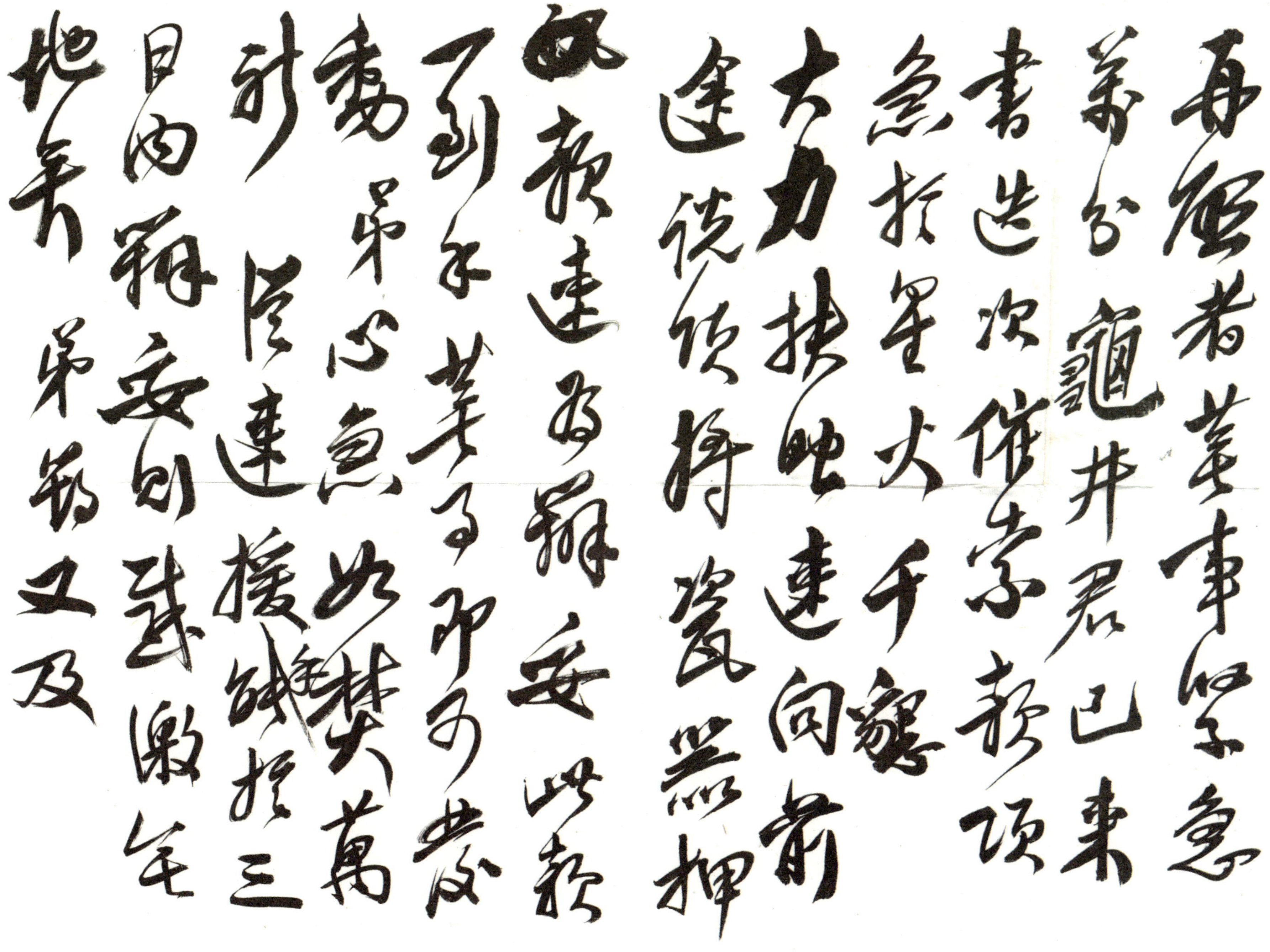

再经董事紧急
筹备龟井君已来
书迭次催索颜
急拨军火千万
方力挽此速向前
迈徒顾将瓷器押
如颜速安此款
了却不莠子印子费
寿弟心急此萬
弟陰速援诚挚三
日内和妥旬张激年
地步弟第又及

孙毓筠致宫崎滔天函（1918年）

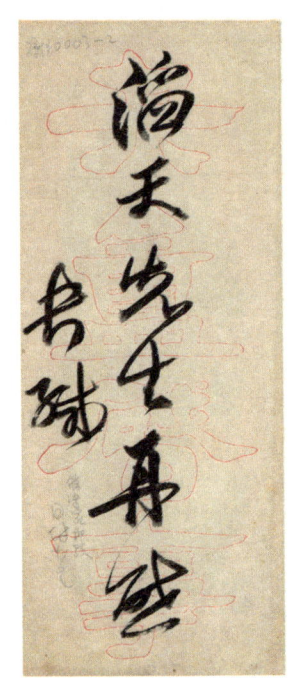

释读

再启者：

　　芜事紧急万分，龟井君已来书迭次催索款项，急于星火。千恳大力扶助，速向前途说项，将瓷器押款速为办妥。此款一到手，芜事即可发动。弟心急如焚，万祈从速援手。能于三日内办妥，则感激无地矣。

弟筠又及

孙毓筠致宫崎滔天函（1918年2月12日）

宫崎滔天家藏民国人物书札手迹（第五卷）

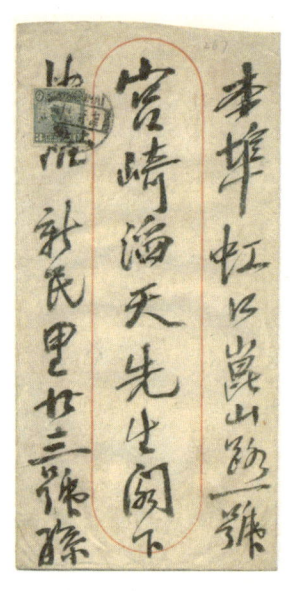

释读

拜启：

两月以来，兄为皖事介绍借款，奔走经营，费尽心力，并派龟井君至芜湖协力援助，吾同志中未有如此之尽力者也。寸衷感泐，非笔墨所能宣，徒以弟能力薄弱，未有以副兄之厚望，五夜抱愧，莫知所措。

昨子赞兄来，传述兄之箴规药石之言，切中弟病，闻之感激，至于泣下。弟索居日久，久不复闻斯言矣。兄之厚爱不佞，至于如此。弟唯有奋起精神，积极进行，以期勿负良友爱我之意。

一俟巨款筹得，即当躬偕吾兄及子赞兄前往芜湖，力图大举，无论如何艰难，必生死以之。皇天在上，实鉴此言，惟兄察之。子赞并述兄所言借款正当办法，弟极赞成。望兄迅速进行，能早办成，方不失此机会。届时当以全力图芜，次图安庆，好在冯军并未到皖，两礼拜内尚有可图之机会也。余由子赞兄面详，不尽百一。敬候

滔天吾兄先生春福

嫂夫人均此问安

弟毓筠拜启

旧历春节

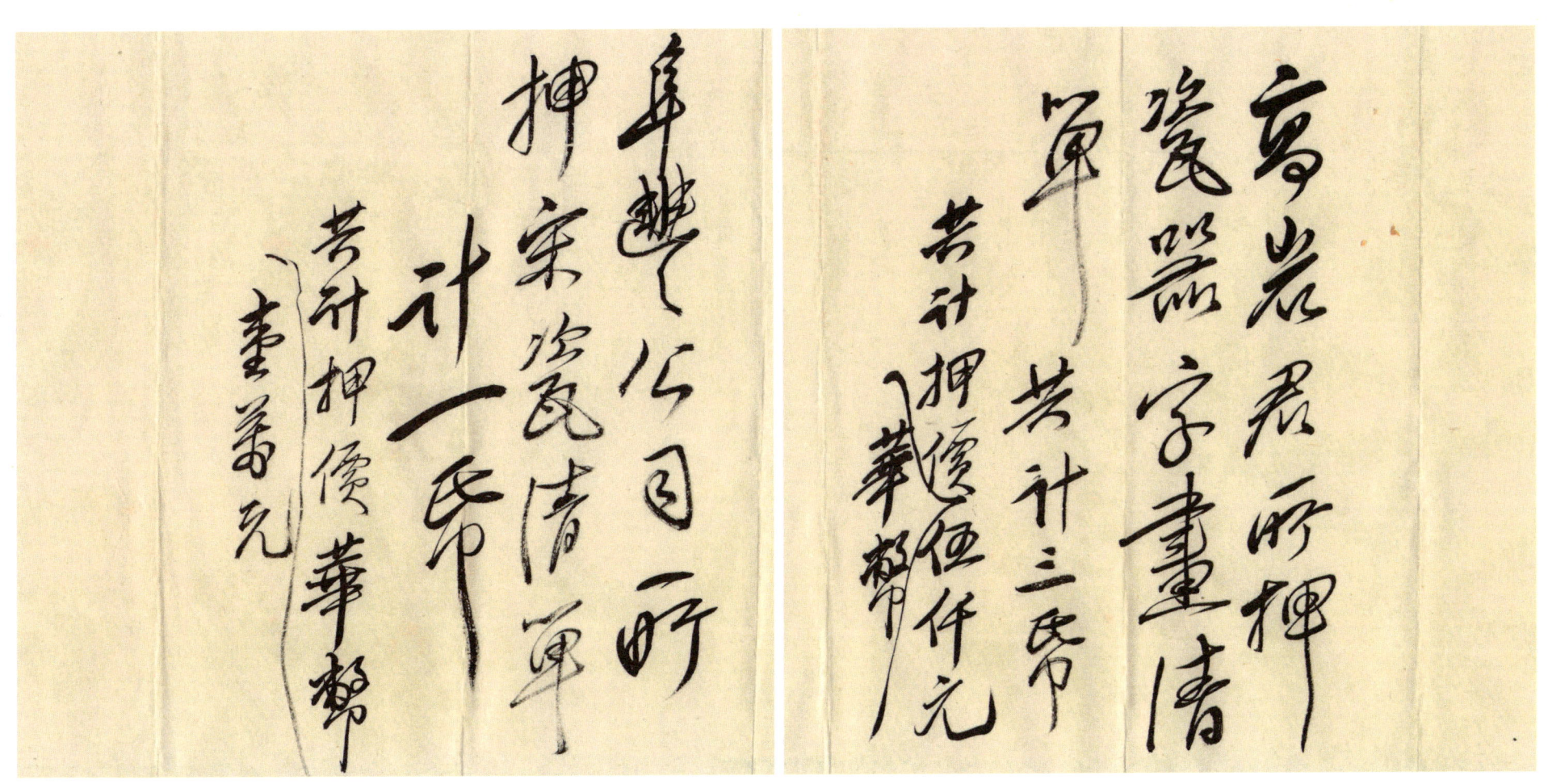

孙毓筠致宫崎滔天函（1918年2月）（一）

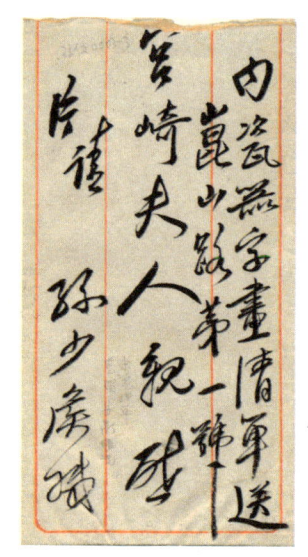

释读

高岩君所押瓷器、字画清单共计三纸,共计押价华币伍千元。

阜丰公司所押宋瓷清单计一纸,共计押价华币壹万元。(续下页)

◉安徽大起討逆軍

▲討逆軍通電 ▲長江下流之動機

北京馮總統張敬輿先生李步軍統領天津黎總統各省督軍省長各省議會各護軍使各都統各鎮守使各旅長上海岑西林孫伯蘭王儒堂譚組庵冷遹秋柏烈武孫少侯常蔭槐陳勤宣方實如謝叔震諸先生廣州伍秩庸唐少川汪精衛諸先生國會非常會孫大元帥海軍林總司令李總指揮陳譽全秘書主任國會參兩議長武穴馮陸巡閱使齊鎮守使南昌陳譽將軍總司令張方兩師長劉武鎮守使貴陽劉督軍烟台朱鎮守使徐州張總司令涪陵陳旅長安慶黃省長馬鎮守使海州白鎮守使海州張總司令涪陵陳旅長安慶黃省長馬鎮守使廳鎮守使李星團旅長張勛臣督辦長沙閻副使陸郎齊將軍武昌王督軍王少甫李星園陳譽王穴馬畢節唐元帥章太炎先生貴陽劉督軍烟台朱鎮守使總指揮陳譽陸師長武穴馬畢節唐元帥章太炎先生貴陽劉督軍烟台朱鎮守使

鈞鑒·倪賊嗣冲實階之屬共和國家主權在民人民慶民國七年嗣亂三見民生彫敝國是飄搖本溯源·倪賊嗣冲實階之屬共和國家主權在民人民不能直接行使主權乃以寄諸國會倪賊知民意不容藉位擅離職守盤踞都門買魯流岷摧賊國會假藉團體之名行叛逆之實罪一破壞約法背叛中央宣言獨立騙逐元首·奉彼醜類犯關稱兵奸律亂紀·罪二政府推翻議成復辟亡國不恤賣友求榮猶復賊心不死阻兵禍亂·天津會議再行開幕挑南北之惡感延戰爭之慘劇障礙和議荼毒生靈罪三皖省地瘠民貧送遭荒流離湯析救死不暇倪賊苛斂橫征吮脂吸髓民優秀者死於猜疑謹愿者死於敲索夫以張獻忠之狼秀者死於猜疑謹愿者死於敲索夫以張獻忠之人李自成之凶殘尚愛道旁之樹以視倪賊猶寬草菅人命暴戾恣睢天良泯也

厚蓄兵力擁護個人軍行所至村社為墟非法誅求瓜蔓抄盡·皖山淮水屍血結羅篋足目為之重側·哀我院民優秀者死於猜疑謹愿者死於敲索夫以張獻忠之

忍死須臾誓不返顧水深火熱歡呼頤爲國蘄兒至倪賊相見·爰率全院健兒陳師淮甸分途進剿·偉哉吾同胞若猶沉溺迷途爲虎作倀既已詔賊作父難免取子毀巢詎能乘惡來歸定當推誠相與天日在下信誓由中邦人子人幸垂鑒焉

▲軍西路司令岳相如 中路司令袁家聲 南路司令王楚方梯團

長吳 明嘉薛官民廖傳銘程登榮畢靖波陳亞東同叩真

▲李迺璟致合肥官紳電合肥總領統左知事商會教育會農會暨防局及各團體父老昆弟公鑒特爲電聞·溯自倪嗣冲踞皖五年暴戾恣睢無惡不作商買不安於市士農不安於野隱忍含酸悲號莫訴去年復辟種種罪惡擊髮難數西南倡義討賊倪猶擁兵負嵎連禍結民不聊生深恐諸公疑慮特爲電聞·溯自倪嗣冲踞皖五年暴戾恣睢倪復倡首先叛寇威脅總統解散國會蹂躪約法摧成會屬防局及各團體父老昆弟公鑒特爲電聞

成向即天意之所歸後至之誅·若謂顧念窮城殺梓所關致盡忠告李迺璟叩灰不妨爲條件之歡迎倘個

孙毓筠致宫崎滔天函（1918年2月）（二）

（接上页）

附录：报刊

● 安徽大起讨逆军

▲ 长江下流之动机

▲ 讨逆军通电

北京冯总统、张敬舆先生、李步军统领、天津黎总统；各省督军、省长、各省议会、各护军使、各都统、各镇守使、各师旅长；上海岑西林、孙伯兰、王儒堂、谭组庵、冷遹秋、柏烈武、孙少侯、常藩侯、陈勤宜、方寰如、谢叔骞诸先生；广州伍秩庸、唐少川、汪精卫诸先生；国会非常会孙大元帅、海军林总司令、李总指挥、陈粤军总司令、张方两师长、武鸣陆巡阅使；南京李督军、王巡阅使、齐镇守使；南昌陈督军、刘旅长；九江吴镇守使；武穴冯旅长、陆朗斋将军；武昌王督军、王少甫、李星阁两师长、张勋臣督办；长沙谭联军总司令；岳州程总司令、赵师长、刘镇守使、林旅长；常德田总司令、王镇守使、张、周各司令、李帮办、胡招抚使；宜昌黎、石两司令；成都熊总司令；毕节唐元帅、章太炎先生；贵阳刘督军；烟台朱镇守使；海州白镇守使；徐州张总司令；寿州殷镇守使；宿迁陈旅长；安庆黄省长、马镇守使；安武军各路统领、各营长钧鉴：

民国七年，祸乱三见，民生凋敝，国是飘摇。推本溯源，倪贼嗣冲，实阶之厉。共和国家，主权在民，人民不能直接行使主权，乃以寄诸国会。倪贼知民意不容，禄位难保，擅离职守，盘踞都门，买胁流氓，摧贼〔残〕国会，假团体之名，行叛逆之实，罪一。破坏约法，背叛中央，宣言独立，驱逐元首，率彼丑类，犯阙称兵，奸律乱纪，罪二。政府推翻，演成复辟，亡国不恤，卖友求荣，犹复贼心不死，阻兵煽乱。天津会议再行开幕，挑南北之恶感，延战争之惨剧，障梗议和，荼毒生灵，罪三。皖省地瘠民贫，迭遭荒难，流离荡析，救死不暇，倪贼苛敛横征，吮膏吸髓，厚蓄兵力，拥护个人，军行所至，村社为墟，非法诛求，瓜蔓抄尽。皖山淮水，尸血为之高深；结网罗箝，足目为之重侧。哀我皖民，优秀者死于猜疑，谨愿者死于敲索。夫以张献忠之狞恶，犹宽梓潼之人；李自成之凶残，尚爱道旁之树。以视倪贼，草菅人命，暴戾恣肆，犹觉天良未泯也。相如等忍死须臾，誓不反顾，水深火热，叹呼吁之无门；破釜沉舟，惟兵戎以相见。爰率全皖健儿，陈师淮甸，分途进剿，为国蔪凶。至倪贼僚属，皆吾同胞，若犹沉溺迷途，为虎作伥，即已认贼作父，难免取子毁巢。倘能弃恶来归，定当推诚相与。天日在上，信誓由中，邦人子人，幸垂鉴焉。

安徽讨逆军西路司令岳相如，中路司令袁家声，南路司令王建方，梯团长吴明寿、薛宜民、廖传铭、程登荣、毕靖波、李厚生、姚铁鸣、陈亚东同叩。真。

▲ 李迺璟致合肥官绅电

合肥杨统领、左知事、商会、教育会、农会、团防局及各团体父老昆弟公鉴：

顷接电，悉义军已在北乡突起，深恐诸公疑虑，特为电陈之。

溯自倪嗣冲踞皖五年，暴戾恣睢，无恶不作，商贾不安于市，士农不安于野，隐忍含酸，悲号莫诉。去年倪复首先叛国，威胁总统，解散国会，蹂躏约法，构成复辟，种种罪恶，擢发难数。西南倡议讨贼，倪犹拥兵负隅，兵连祸结，民不聊生。（续下页）

舉國希望和平而和平終不可見者蓋由二三奸人把持政局日肆搗亂勢不至亡國不止如倪嗣冲實其尤也偉云慶父不去魯難未已是倪嗣冲一日不去大局一日不定即吾皖一日不安故有志之士挺身走險捐筹以挽既倒之狂瀾救吾民於水火吾父老昆弟咨問天良平時對於倪逆是否無切齒之恨祇以積威之下莫可如何故爲偸安之計茲幸義軍已起討賊有人而應壼漿以迎共輸軍實稱開有反於是者是誠大惑不解矣吾父老昆弟或以爲起者何人不能盡知深恐開門揖盜致受引狼入室之嫌不如踟躕常暫爲堅壁而守之計豈知義軍宗旨正大紀律嚴明旌旗所向即天意之所歸違抗義軍即違反天意非獨崛強難悻抑恐遺後至之誅若謂顧念窮城猶疑不決則義軍固有領袖不妨爲條件之歡迎倘仍堅持不悟則後患誠有不可勝言者矣桑梓所關致壺忠告李迴環叩灰

孙毓筠致宫崎滔天函（1918年2月）（三）

释读

(接上页)

举国希望和平而和平终不可见者，盖由二、三奸人，把持政局，日肆捣乱，势不至亡国不止，如倪嗣冲实其尤也。《传》云"庆父不去，鲁难未已"，是倪嗣冲一日不去，大局一日不定；大局一日不定，即吾皖一日不安。故有志之士，挺身走险，揭竿以起，挽既倒之狂澜，救吾民于水火。吾父老昆弟，各问天良，平时对于倪逆，是否无切齿之恨，只以积威之下，莫可如何，故为偷安之计。兹幸义军已起，讨贼有人，亟应壶浆以迎，共输军实。窃闻有反于是者，是诚大不解矣。吾父老昆弟，或以为起者何人，不能尽知，深恐开门揖盗，致受引狼入室之嫌，不如蹈袭故常，暂为坚壁而守之计。岂知义军宗旨正大，纪律严明，旌旗所向，即天意之所归，违抗义军，即违反天意。非独崛〔倔〕强难悖，抑恐遗后至之诛。若谓顾念穷城，犹疑不决，则义军固有领袖，不妨为条件之欢迎。倘仍旧坚持不悟，则后患诚有不可胜言者矣。桑梓所关，敢尽忠告。李迺璟叩。灰。

孙毓筠致宫崎滔天函（1918年2月21日）

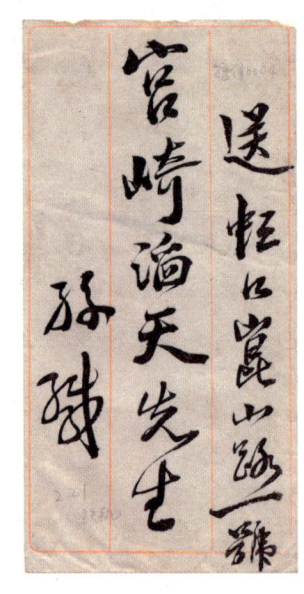

释读

滔天先生阁下：

昨晚晤友人胡君，据云冯玉祥业经通电，宣布自主。顷有族人自上海护军使署来，亦云曾见此项通电，是冯玉祥君自主业经征实。惟冯既宣布自主，自必即日进兵安庆。前议弟亲赴武穴商酌借款索取委托书一节，此时冯既动身，弟前往已来不及，只好侯〔候〕冯抵安庆后，再行前往办理此事。冯军若由水路赴安庆，只须三天便可到地点；若由陆路前往，至少非七天不能到也。

现在皖事若此紧急，芜湖亟须下手，而款项筹措，非常艰难。宝洋行收买废铁之约既成画饼，而殖边钞票尚未到手，即令能到手，而一万之数，只能抵银四千余元，单办芜湖尚不够用，他处更无论矣。弟焦急万状，不得已只有仍恳我公代为设法。

查芜湖所存钢铁，全系铁道上所用铁轨及转盘等物。据友人所调查，系安正铁路公司所有之物，上年经交通部收回为政府产业。除去年已卖去钢铁轨外，目下所余钢轨等物，照上海时价约值华金八、九万元之谱。请公代觅日本资本家，如有愿购此项钢铁者，一月以内准可交货。惟须先交定金三万元，至少两万元，方勇办事之用。事机迫切，千乞援手，不胜企祷之至。手此。敬颂

道安

弟孙毓筠拜启

二月二十一日

拝啓承
公々伍青島僑顧寿藤
芸湖安慶両處革命
軍務見武母
高誼永不能忘不図僑
教会用業便営字中
用支千元●業已匯来
而一葉叁千元々款玉兮
兄徹頒鄭子楨兄来
信接
多慶電催前逮有玉
二十日方能匯到々説
又有上匯支五千之説会
因営字々没忽尓頓挫
寧計珠出乎意料し
分信來作用不是那
則前此何以従狂一面
営字一面又教弁年逮
日再々之説冬中究竟
何故革思し再三不得
至解惟向前逮伹
徊内宓
明向見名
亜行敬勧
車機弟急

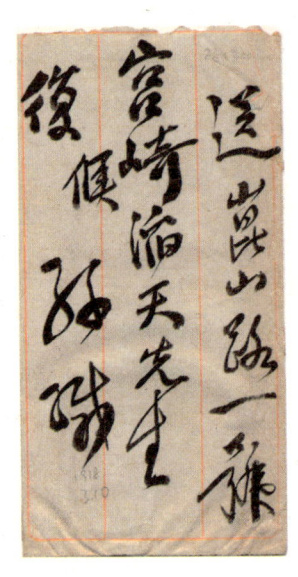

释读

拜启：

　　承公介绍青岛借款，专办芜湖、安庆两处革命事务，同人感纫高谊，永不能忘。不图借款合同业经签字，中用二千元业已汇来，而一万三千元之款至今未缴。顷邓子赞兄来，谓接尊处电话，前途有至二十日方能汇到之说，又有止汇交五千之说。合同签字之后，忽尔顿然变计，殊出弟意料之外。谓弟信用不足耶？则前此何以说明一面签字一面交款，并无迟日再交之说。其中究系何故，弟思之再三，不得其解，请向前途细询内容，明白见示。

　　芜湖、安庆亟待发动，事机万急。（续下页）

孙毓筠致宫崎滔天函（1918年3月10日）（二）

释读

（接上页）

杜幼泉赴武穴，即为此事，往约冯玉祥君同时动作，并允两星期内准可发表。今如此，不独弟失信于同志，抑且失信于冯君。刻下同志诸君，群来索款，急于星火。弟曾允以明日交付款项，今借款无端生此顿挫，弟将何颜以对同人？惟有自杀以谢天下而已。

临书惶急，不知所云，惟公始终哀而援之，幸甚！幸甚！本拟走谈，因口部肿未消，不敢见风，特书此以达意。余请子赞兄面陈，不尽万一。敬请

滔天长兄先生道安

弟筠拜启

若明日再不能交款，弟除死外决无他法。

三月十日

滔天長兄先生鈞公：
拜別以來等皆不見
伏維
安祉東京與居康
勝為頌敝皖民軍
自前月收復舒山

期來滬會商皖中
軍事進行方法因四省
頭此期公鳳作
明心熱心中華革
命之宜始終勞力
援助民黨趣旅侏欽

佩現時弟公孫一
聘任書懇倩
兄攜任對日傍賴
如涉亟宜荒將原
書寄上敬乞
參存惟此

潮高祀華為字

侭現在機會如郝等
會破會胞好城問將
知毛李徐葉已階迎
六月廿日下五何天長
師聆雲壁黃山靈
霄郎壽敘鳳毫寧

遠潁上古彩地形民軍
勢力範圍皆向安慶
軍葉中安慶拌坪
倘欲自保不致合兵
出戰民軍勢力毋乃
益張寧武軍時如

民軍通氣倪勢蓋
孤敝廠現云等會皖
南北名部民軍國改
革湖惟徐廉仍黃
缺乏不勞在用陸朗
齋將軍頓前兩足

目的則中國人民曹於
去婦不獨女薇一有
歲德石已每上拳民
敬以道安
朝高伴軍等筆
四月二日

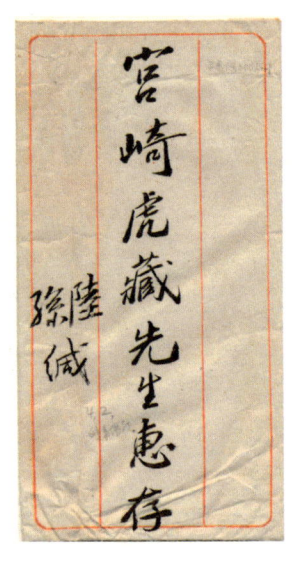

释读

滔天长兄先生阁下：

拜别以来，无日不思。伏维安抵东京、兴居康胜为祝。

皖省民军自前月收复含山后，现正联合各部分会攻合肥县城。闻县知事李诚业已潜逃，不日即可攻下。五河、天长、盱眙、灵璧、英山、霍山、霍邱、寿县、凤台、定远、颖上等县均在民军势力范围以内。安武军集中安庆、蚌埠，仅能自保，不敢分兵出战。民军势力因之益张，定武军暗与民军通气，倪势益孤。敝处现正集合皖南北各部民军，围攻芜湖。惟经济仍苦缺乏，不勇应用。

陆朗斋将军于前两星期来沪，会商皖中军事进行方法，已有头绪。朗公夙仰明公热心中国革命事宜，始终尽力援助民党，极深钦佩。现与弟公缮一聘任书（朗斋亲笔签字），恳请兄担任对日借款交涉事宜。兹将原书寄上，敬乞察存。惟望迅向资本家商榷借款，多则四十万，少则三十万。说定后，即行签约交款，俾皖中军事得以迅速进行，达讨逆护法之目的，则中国人民胥拜大赐，不独安徽一省戴德而已。匆匆草此。敬颂

道安

　　　　　　　　　　　　　　　　　　　弟筠拜启
　　　　　　　　　　　　　　　　　　　四月二日

朗斋将军嘱笔请安。

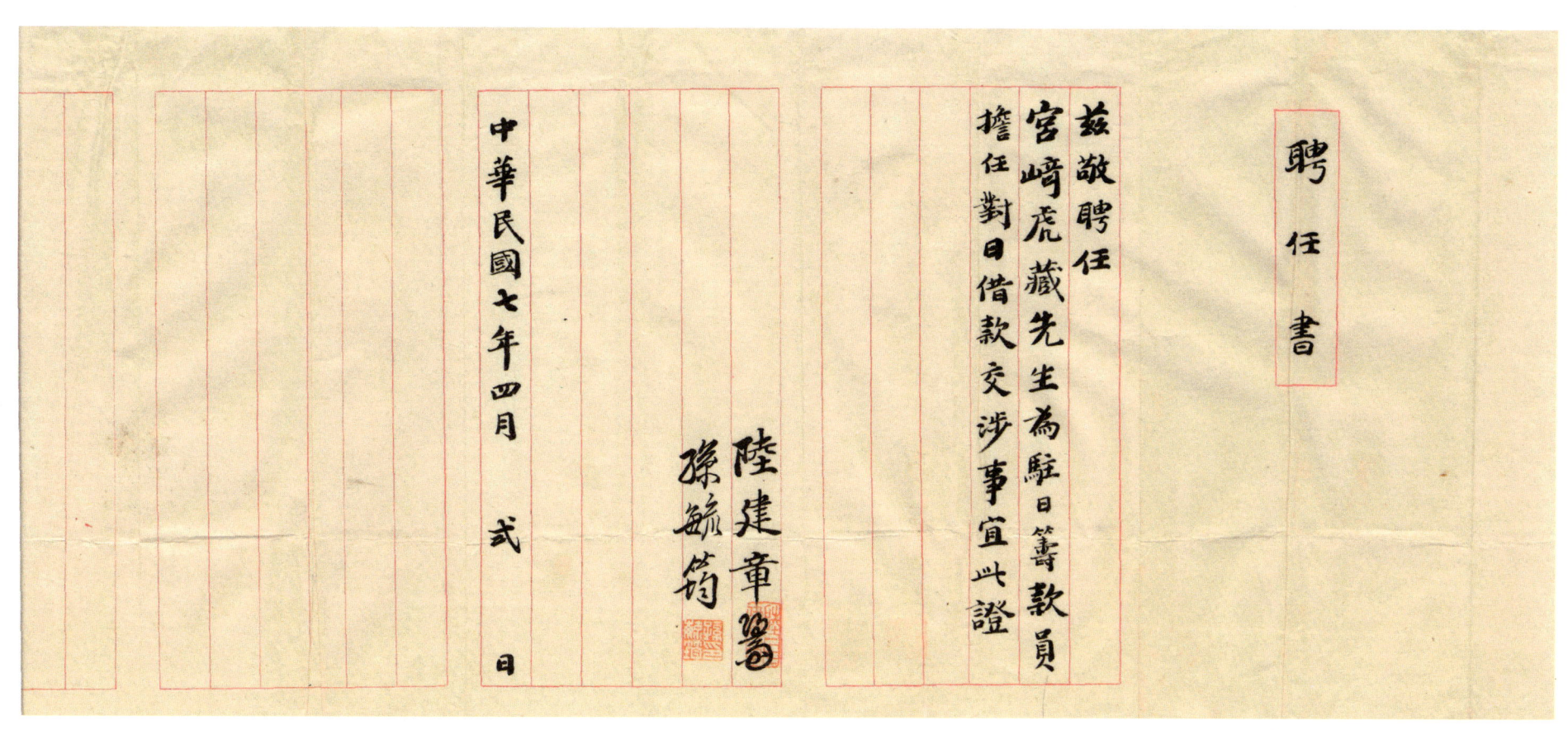

孙毓筠致宫崎滔天函（1918年4月2日）

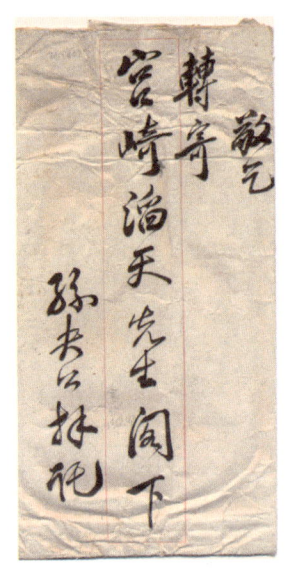

释读

聘任书

兹敬聘任宫崎虎藏先生为驻日筹款员,担任对日借款交涉事宜。此证。

陆建章(朗斋)

孙毓筠

中华民国七年四月二日

滔天先生閣下前月書
上一書計早達
覽昨
尊嫂夫人出示
執事此次來書吳
君技持中國援助民

黨之盛意至對於不侫
因人盡力護持期勉
殷惠俠腸義膽古
道此人尤令身受者
感激無地所示借
款方法已由

嫂夫人協商妥洽由
伊專函奉覆茲石
赞陳山東民軍勢
力日見萎層江北皖北
命山東壞地相接所有
民軍皆已暗中聯合

抂寶墊有以待時機
三有民軍實力已方
具堅男タ
嫂夫人郵寄東京
徐不可達
者右惟兩陳狀況略

於三省忍於南北大勢
猶未盡明瞭芳再促
會全國情況考
明以陳之長兵失守
以致但就搖子江大局
觀之但南方勢力漸

嚴有者此方所壁也
之勢外人不知内情或
以為南方經省屈服
難以再振石知此方勢
力自彼禱瑞營臺攻
形勢漸教有加於前

孙毓筠致宫崎滔天函（1918年4月10日）（一）

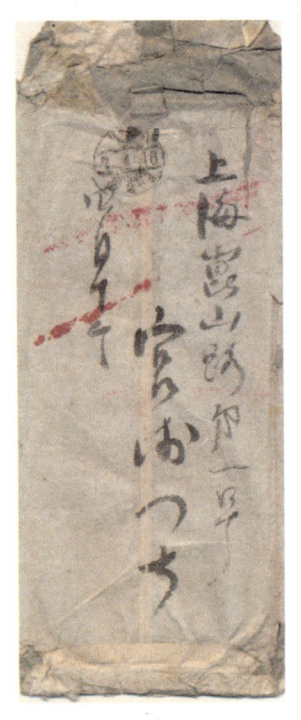
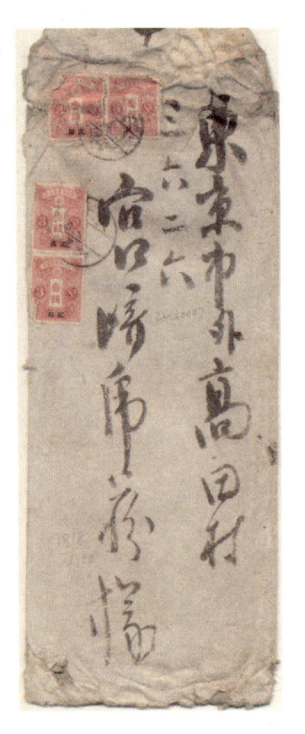

释读

滔天先生阁下：

前月曾上一书，计早达览。昨尊嫂夫人出示执事迭次来书，具悉扶持中国、援助民党之盛意，其对于不佞个人尽力护持，期勉殷勤，侠肠义胆，古道照人，尤令身受者感激无地。所示借款方法，已与嫂夫人协商妥洽，由伊专函奉复，兹不赘陈。山东民军势力，日见发展，江北、皖北与山东壤地相接，所有民军皆已暗中联合，切实整备，以待时机。三省民军实力，已另具概略，交嫂夫人邮寄东京，谅不日可达左右。惟所陈状况，限于三省，恐于南北大势，犹未尽明了，兹再综合全国情况，为明公陈之。长、岳失守以后，但就扬子江大局观之，似南方势力渐蹙，有为北方所压迫之势，外人不知内情，或以为南方终当屈服，难以再振。不知北方势力，自段祺瑞登台后，形势涣散，有加于前。（续下页）

（右上）

而南方民党臺傾那边
南之……方之……比例经长
兵之失败举悟内部
转轮之非计而没之话
幸抟联合团体最近
於中山武鸣之互相让

（中上）

步粤桂军联合大举
攻龙峤等明证唐继
尧别顾志通电西南
主张速进组织联合政
府好連英徒以一致
赞成布告廣州為省

（左上）

新政府出现此近日南
方之好现象中龙济
光自尖惕江浜势力
日盛现粤桂联军急
攻高雷西城海军又
力扼瓊崖断至伟路

（右下）

龙军已陷於进退之由
蒋之境巡多不足惧
歩欲屈服此军由赣
南政粤毋道路险阻
运转困难粮食一月
之久不能達到粤境

（中下）

龙军殲减以及廣東
内盘既平兵力足以
自守卯颉闲合之以
攻出不难投禦此不之
考西南电者中秋川
滇粤联军已由重慶

（左下）

東下分三路包围宜昌
至前锋已拢宜昌上将
之黄家壩距宜昌只
南北两军日前已停閧
我滇粤联军皆万发
精兵之师北军断難

孙毓筠致宫崎滔天函（1918年4月10日）（二）

释读

（接上页）

而南方民党情形，适与之为反比例。经长、岳之失败，群悟内部轧铄之非计，而汲汲从事于联合团体。最近如中山、武鸣之互相让步，粤、桂军联合大举攻龙，皆其明证。唐继尧、刘显世通电西南，主张速组织联合政府，孙、陆、莫诸公一致赞成，不日广州必有新政府出现，此今日南方之好现象也。龙济光自失阳江后，势力日蹙，现粤桂联军急攻高、雷两州，海军又力扼琼崖，断其归路，龙军已陷于进退两难之境，至多不过半月，必然屈服。北军由赣南攻粤，因道路险阻，运输困难，非有一月之久，不能达到粤境。龙军歼灭以后，广东内患既平，兵力足以自守，即赣闽合力进攻，亦不难抵御，此不足为西南虑也。现川滇黔联军已由重庆东下，分三路包围宜昌，其前锋已抵宜昌上游之黄家坝（距宜昌只三十华里）。闻南北两军日前已经开战，滇黔联军皆百战精练之师，北军断难（续下页）

孙毓筠致宫崎滔天函（1918年4月10日）（三）

释读

（接上页）

与敌。若宜昌、荆州入南军之手，则长、岳一带之北军，后路遮断，届时湘桂联军由衡州反攻，北军不能回鄂，只有退入江西。刻下武汉方面兵力单薄，滇黔联军既得荆、宜，自必进攻武汉，北军万不能守。昨阅唐继尧致其驻沪代表之电，知滇川已有一混成旅，由汉中入陕西，原驻汉中之管金聚一旅，已宣言与护法军同一行动。该旅自管旅长以下，皆陆建章旧部，陆君早有专使，赴汉中与该旅军官接洽，嘱其联合滇川军进攻西安。陕西督军陈树藩困守西安，号令不出郭门，赖有刘雪亚所部镇嵩军十营（系由河南派去者）为之援助，省城未至失守，然四围皆系民军势力，陈部兵饷已竭，子弹又少，镇嵩军与之同病，旷日持久，必不能支。况滇川军已入陕境，管旅与之联合，民军得此奥援，声势大振。西安陷落，为期不远。滇川联军得陕以后，即将东下河南，一到郑州，即可横断京汉、陇海两铁路，奉天、直（续下页）

孙毓筠致宫崎滔天函（1918年4月10日）（四）

释读

（接上页）

隶之北军不能南下，鄂省所驻之北军退无所归，除溃散外无自存之法。津浦路线自山东省城以南，皆在民军势力范围，现在鲁、皖、苏三省已发动之民军，其数已达两万人以上，三省军队多与通气，至今未曾出兵剿办，民军势力潜滋暗长，一旦荆、宜陷落，武汉危急，南方势力压迫长江中部，皖北、江北及山东之民军自必乘机发动，闻风响应，定武军及三省之陆军多已与民军接洽，届时必有大部分相继发动者，津浦、京汉、陇海三路线先后入南军之手，乘势北伐，直捣幽燕，殆意中事。陆建章素具野心，北方军人十九皆系同学，或系旧部。去岁王金镜、范国璋、王汝贤等之不战而退，及李纯、王占元、陈光远、李奎元、阎相文、冯玉祥等之反对主战，皆陆建章一人暗中疏通之力。近日管金聚、杜廷秀等之宣布与西南一致行动，为陆所主使，尤其彰明昭著者也。谨密布以闻，敬颂
道安

                     弟孙毓筠拜启
                       四月十日

孙毓筠致宫崎滔天函（1918年4月10日）（五）

释读

再自去冬以来,陆荣廷、唐继尧、谭浩明等皆曾派代表与陆建章接洽,密电往还,谘商军事,几无虚日。近日唐继尧复电邀陆建章赴川,请其任攻陕总司令,率领川滇军及管旅入陕讨伐陈树藩,事定后即以陕西督军一席相属,陆建章因方经营山东、安徽及江苏之江北等处,正在积极进行,且输通三省之北军日有进步,若遽然舍此入川,则前此所经营者必将中途停辍,未免可惜,故向唐继尧力辞攻陕之任。盖就全局而论,山东、安徽、江北为全国最重要之地,若为民军所有,则北军根据动摇,势必全归失败,其重要百倍于陕西也。弟得梁在此相助一切,亦较前为顺手,所难者惟在经济方面,不甚活动。弟与陆君同罹此厄,甚盼我公速为设法介绍借款,俾得早日进行,不至因此而生障碍。无论大款小款,只要能成,便可放手经营。数十万之大款一时未必能借妥,此时能先借得三五万、八九万之款,亦可济急也。乞公速图之。幸甚幸甚!再,弟之产业早经售尽,陆君虽窘,当有八十万以上之产业,即令革命无成,将来亦有产业可以抵债,不至落空也。并以奉闻。再请
大安
  弟筠又及。

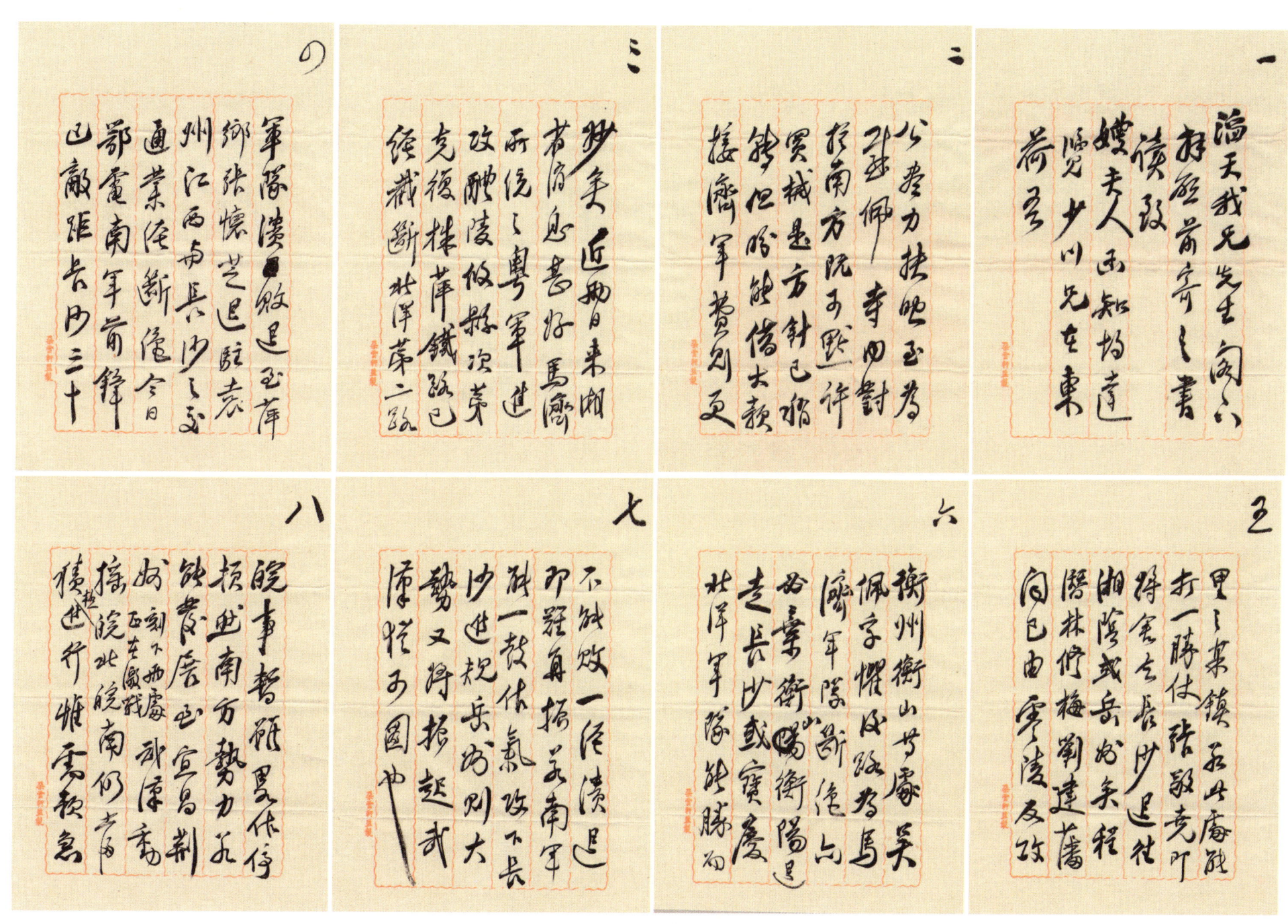

孙毓筠致宫崎滔天函（1918年5月1日）（一）

释读

滔天我兄先生阁下：

拜启：前寄之书，读致嫂夫人函，知均达览。少川兄在东，荷吾公尽力扶助，至为感佩。寺内对于南方，既可默许买械，是方针已稍转，但盼能借大款接济军费，则更妙矣。

近两日来，湘省消息甚好。马济所统之粤军，进攻醴陵、攸县，次第克复。株萍铁路已经截断。北洋第二路军队溃败，退至萍乡，张怀芝退驻袁州，江西与长沙之交通业经断绝。今日鄂电，南军前锋已敌〔抵〕距长沙三十里之某镇。若此处能打一胜仗，张敬尧即将舍去长沙，退往湘阴或岳州矣。程潜、林修梅、刘建藩闻已由零陵反攻衡州、衡山等处。吴佩孚惧后路为马济军队断绝，亦必弃衡山、衡阳退走长沙或宝庆。北洋军队能胜而不能败，一经溃退，即难再振。若南军能一鼓作气攻下长沙，进规岳州，则大势又将振起，武汉犹可图也。

皖事暂虽略作停顿，然南方势力若能发展至宜昌、荆州（刻下两处正在激战），武汉动摇，皖北、皖南仍当积极进行。惟需款急（续下页）

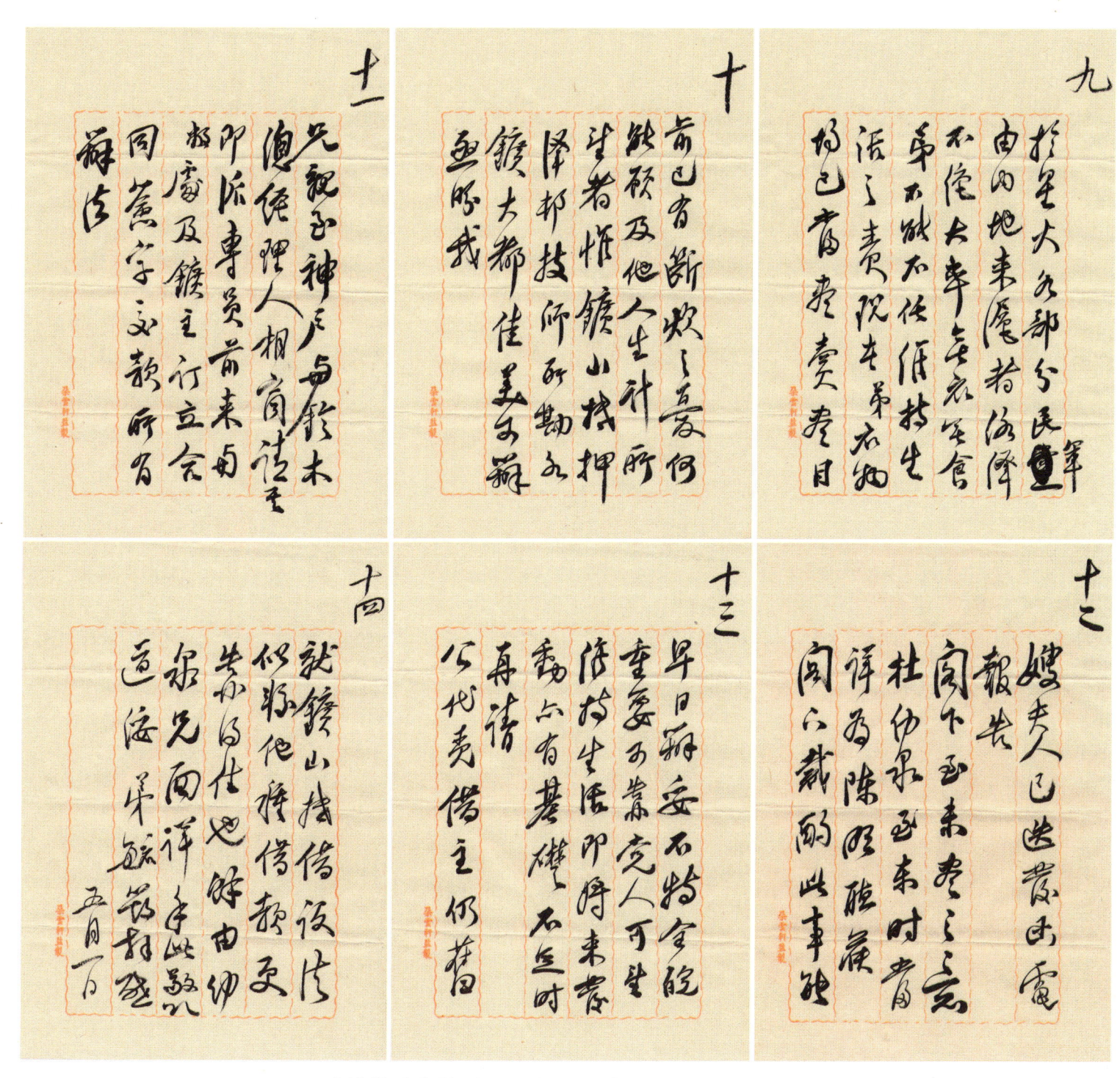

孙毓筠致宫崎滔天函（1918年5月1日）（二）

释读

（接上页）

于星火，各部分民军由内地来沪者络绎不绝，大率无衣无食，弟不能不任维持生活之责。现在弟衣物均已当尽卖尽，目前已有断炊之忧，何能顾及他人生计？所望者惟矿山抵押，泽村技师所勘各矿，大都佳美可办，亟盼我兄亲至神户，与铃木总经理人相商，请其即派专员前来与敝处及矿主订立合同，签字交款。所有办法，嫂夫人已迭发函电报告阁下，至未尽之意，杜幼泉至东时，当详为陈明，听候阁下裁酌。此事能早日办妥，不特全皖重要可靠党人可望维持生活，即将来发动亦有基础，不足时再请公代觅借主，仍旧就矿山抵借设法，似较他种借款更靠得住也。余由幼泉兄面详。手此。敬颂
道绥

弟毓筠拜启
五月一日

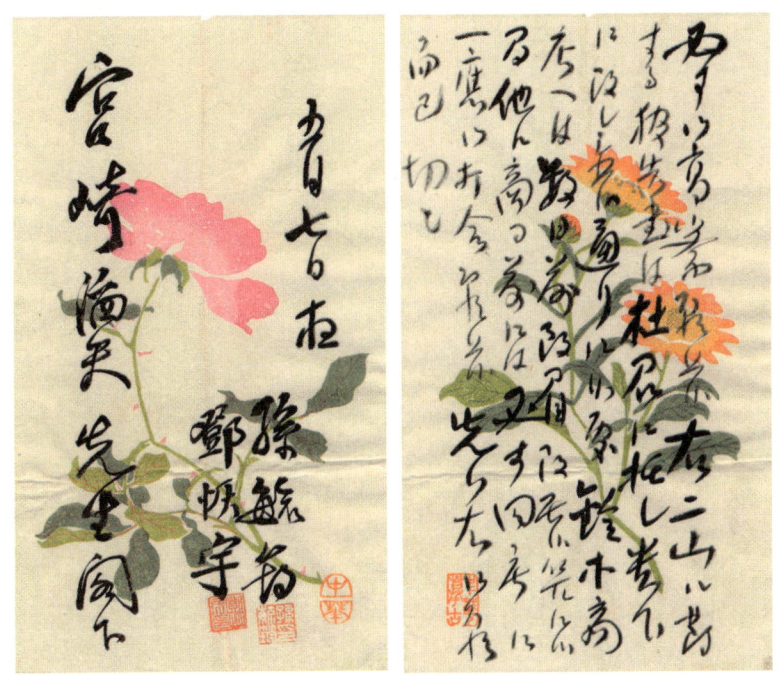

孙毓筠、邓恢宇致宫崎滔天函（1918年5月7日）

释读

拝啓

　致候時局に就ては平素御報告致候通りに候處。小生等依然窮迫面目無之候。之に就き唯た期する處は劉君の炭山復活及澤村君実査に係はる駱駄山及外一山に由り籌款の法を講する外無候存處。劉山復活の為めに太田君の来滬を幸とし情を具し鈴木商店に交渉方懇願候得共、中々容易に□□不申閉口致居候。

　然□に鈴木商店の原意に酬ける為め駱駄山外一山の方も同商店に提供致所存居候得共。劉山の首尾全□其れば、他の山の方も六ヶ處加るべく左すれば小生等の立場窮迫の極處に達し、如何とも難致候間。此際駱駄山外一山の方何とか鈴木商店以外他に籌款の方法御講し候間處候哉。鈴木商店に対しては不相□と存候得共。目下の立場不得已右乃願申上候。必す御高□願上候。右二山に対する報告書は杜君に托し、貴下に致し□候通りに候處。鈴木商店へは数日前致眉致居候筈に候間。他に商事前には必ず同店に一応御打合願上候。先つ右御願而已　切々

　　　　　　　　　　　　　　　　　　　　　五月七日　夜
　　　　　　　　　　　　　　　　　　　　　　孫毓筠　邓恢宇

宮崎滔天閣下

中译文

拜启：

时局诚如平素所报。我等依然处于窘迫毫无脸面可言之状态。关于此，唯有刘君之炭山复活及泽村君实查之骆驼山与外一山相关筹款之外别无其他可期之处。另外，为了该山复活，太田君将来沪，幸甚。有意向铃木商店具情恳求交涉之法，但此并非容易之事，还闭口未提。为酬铃木商店之厚意，把骆驼山、外一山也提供给他们。如果让该山首尾相连的话，其他山的六处也应该加进去。从如上立场亦可知，已经到了相当窘迫的境地，非常艰难。无论如何，请想方设法以骆驼山、外一山及其他筹款方法向铃木商店交涉。对此铃木商店可能有为难之处，但眼下之处境实乃不得已，拜托。

您享有高誉，有关如上二山之报告托付给杜君。数日前，已经向铃木商店致函联系，其他商事活动前请务必于该商店事先协商。先此拜托，切切。

宫崎滔天先生阁下

五月七日 夜

孙毓筠 邓恢宇

滔天长兄足下阁下顷读执事致某友人书知日本政府有倾南方联会政府但俄成立以时俯诚为文就国之意此皆先与日本同志竭力运动所致中国国会议员及不同志者国国会激异常咋商粤者不辣

尤级吃速单前题顷以店虑离郢密两兄词力投陆顷颁兔去赞已俗时为疑想先出早代计画美甫书所陈日前同志困难情形及争方面人生活窘吃担船大举惟吩镜山会同早日行定日耗此

来电知政府但政府一事已径国会完全通过十山先生已向国会辞职并拟通电而南方宣言辞职意旨想不日联合政府使可但俄不立此子来观者以近日湖南方面北军为南军所败之全数退至长沙南军方

用包萌计画进逼长沙播外电所传北军势彰力词断不能守李到的君近已率残军九千人进政江西特来一长岳收复武汉擒李军济入吉赣展时安徽仰首乘机大举以继应南军机会将至

教誓折挺扑大众生活不已应舍断俄流蔽笔依则孰戴大德尤怠汗后昨日仰求来电知我同志无械已径加几腐宫拟明赴汕头并以连不蔽尉即由学去人復霞务不復蟄

每市敬以孙苏邓恢宇
道安而窗雨兄鞠
晓柳仲康

孙毓筠、邓恢宇致宫崎滔天函（1918年5月9日）

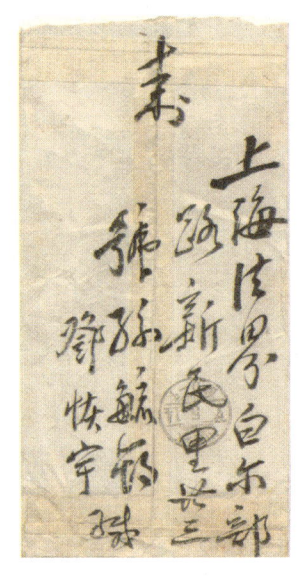 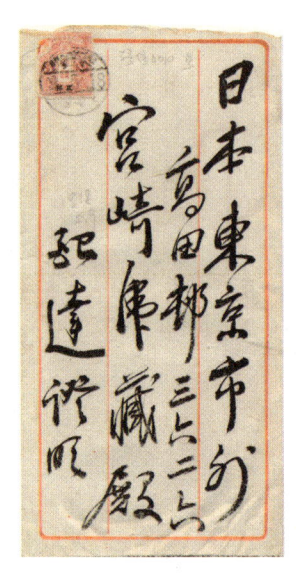

释读

滔天长兄先生阁下：

顷读执事致尊夫人书，知日本政府有俟南方联合政府组织成立后，即承认为交战团之意，此皆兄与日本同志竭力运动所致，凡中国国会议员及一切同志，莫不感激异常。昨阅粤省来电，知改组政府一案，已经国会完全通过，中山先生已向国会辞职，并拟通电西南各省，宣布辞职意旨。想不日联合政府便可组织成立，此可乐观者也。

近日湖南方面，北军为南军所败，已全数退至长沙，南军方用包剿计画进逼长沙。据外电所传，北军势穷力竭，断不能守。李烈钧君近已率滇军九千人进攻江西。将来长、岳收复，武汉动摇，李军深入吉、赣，届时安徽仍当乘机大举，以响应南军。机会将至，尤须从速准备款项，以应急需。务恳吾兄竭力设法预筹大款，免至临时为难。想兄亦早代计画矣。前书所陈目前同志困难情形，及弟等个人生活窘况，想邀大鉴。惟盼矿山合同早日订定，得藉此款暂行维持大众生活，不至衣食断绝，流落无依，则感戴大德，尤无涯涘。

昨日幼泉来电，知竞存购械事已经成功，凡我同志，无不欢慰。金凡斋定于明日赴汕头，并以奉闻。余由尊夫人详复，兹不复赘。匆布。

敬礼

道安不备

弟孙毓筠、邓恢宇同启

晓柳、幼泉两兄均此奉候。

幼泉老弟左右别后未一通

向热怀想无已近应

兴居康泰为几债票四

今仍为受主弟庸襄为

画所存率来在者皆未

兄与晓柳代为证信弟

资归以成叶味已玉妨

畹觉晨祠

兄另烦天晓柳斟酌办

荠稻必届讬俟期归此

还如觉有如俟期归此

日来黄菜乃参用金向

去伯借伊二十饼先之

朝与兄偶焚但此种荞

隆贵此久升无何劲下

又费主一围难向题所览

专东亚终回国也乘束西

云帅日金回为兄为能勉身

盖因所欠医院费已积玉

数百元玄服必膝一套

笔款子以换假颐已讬宜

岣夫人主讬淯天代为揶偶

俱必俏兄六扇寓卿不能

也揶如此艰毂极竭

成り顷々

费神无任东肭ミ并此颂

旅安并夫夫再拜

俏天邺兄前之代请安

晓柳兄处

然未另破

五月十三夜

孙毓筠致杜幼泉函（1918年5月13日）

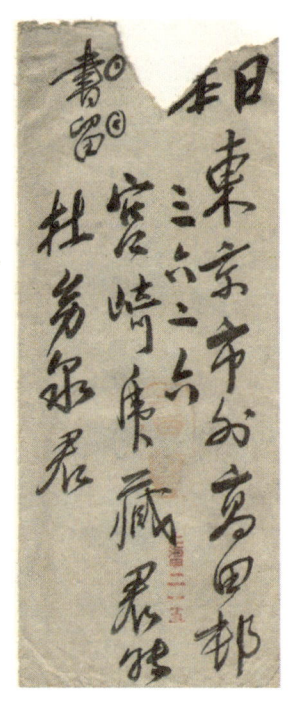 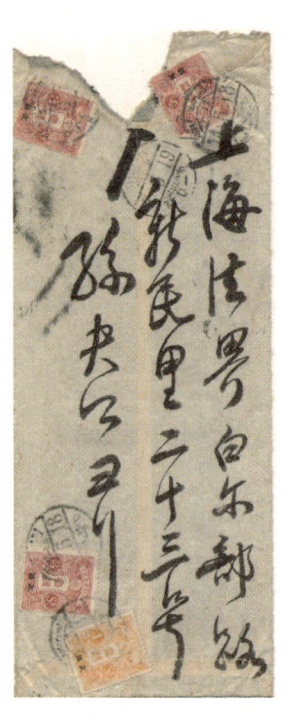

释读

幼泉老哥左右：

别后未一通问，极深悬念。近想兴居康吉为颂。债票至今仍无受主，弟处窘乏万分。旧靴旧帽皆已典尽，所幸米店尚肯赊米。日来买菜及零用全向朗斋兄借贷（先后借伊二十余元），但此种办法，终非久计。如何刻下又发生一困难问题，即次儿在东，亟须回国也。渠来函云，非日金四百元不能动身。盖因所欠医院费已积至数百元，衣服只剩一套，无衣可换洗。顷已托宫崎夫人函托滔天代为挪借，但恐滔天兄亦处窘乡，不能代挪如此巨款。拟恳兄与晓柳代为设法，俾次儿得以成行。

昨已函饬次儿，晋谒兄与滔天、晓柳两公。如何办理之处，请径与次儿商酌，总期得以成行。琐琐费神，无任感谢之至。此颂

旅安

滔天、晓柳两兄前乞代请安，恕未另启。

弟夬再拜

五月十三夜

孙毓筠、邓恢宇致宫崎滔天函（1918年5月18日）

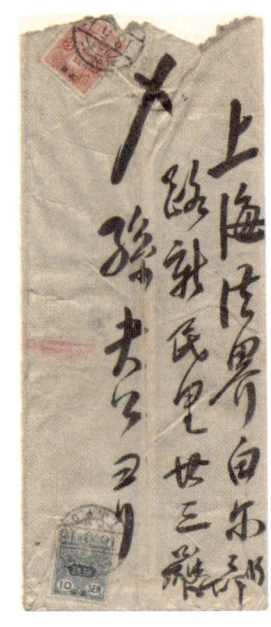
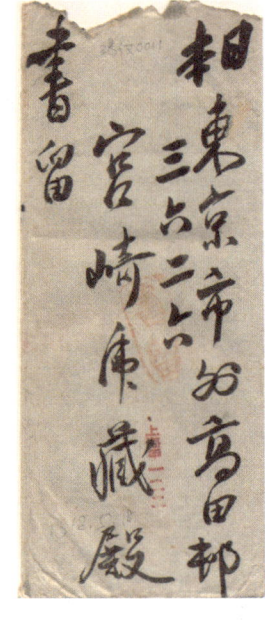

释读

滔天长兄先生阁下：

拜启：骆驼山、窑头岭统归一起解决，承兄与金子君商妥，感激无地。惟数目只十一万日币，有种种困难，不得不陈之我公之前。

一、骆驼山主王君至少必须得日金二万，刘锡九君至少亦要得日金三、四万元，再加以中证人酬金，敝处所得不过日金四万余元，合之华金只得二万余元。刻下皖省内地民党因官军之骚扰，不能在家安居，相率来沪已有四百余人，到上海后租房、吃饭等费，皆须筠一人担负。且去年以古玩瓷器抵押之款，均早已过期，无论如何困难，必须归还，其数已达华币两万元以上。若仅得日钞四万元，万万不能敷用。此困难者一也。

二、两矿指日即须开工，若以日钞计算，有种种不便利之处。此困难者二也。

三、银行汇兑因日华钞币价格相悬吃亏，若径由上海支店交付华币，则吃亏之处可免，否则损失甚巨。此困难者三也。

筠等愚见，拟恳我公再商金子君，改日币为华币（数目仍为十一万元）。如此，则筠所担负之同志旅沪用款，及还去年抵借各帐，并筠与宇两家午节开销及生活日用均可敷用。否则支绌万分，仍然不能维持。千乞我公力为援助，切商金子君改日金为华币。倘荷允许，感激实无既极。

现在李烈钧君所率之军队已抵大庾岭，江西军万难抵抗。若得南昌，则皖事得有力之外援，即可整备大举。此外各矿，如李伯英之矿，牛茨山之矿，均正在积极进行，谅尊夫人已有详细报告，不再赘陈。匆匆奉恳，祗颂

道绥

　　　　　　　　　　　　　　　　　　　　弟孙毓筠、邓恢宇同启

　　　　　　　　　　　　　　　　　　　　　　　　五月十八日

滔天先生阁下

1. 拜别前奉上书计已达
觉泽村君回沪数述
此次在皖南所办之矿
除李烈钧之煤矿外
尚有最佳之铜矿铁

2. 矿甚均可设法由湘收
买栈押款项为话架旺
日早回神户据有四
多种开采时将书等劳
气我

兄接信以挪假即日

3. 神户与泽村君见面
商推同访铃木幸右
镜务部告委我印派
吴来上海行立合同会
达重加苟庵刻下陷济
国难已清兼分 安徽

4. 内地营难之人何甚倪
郁冲捐在捕拿之故已
没逃来上海者至数已
连三百人以上租房安
饭芽费均须弟搪任而
逃来仍源之不绝至在

5. 内地被捕及战死者之
家属出血行寄钱圆
邮苏不予接济则将
来革命更难生大乱
之尽力且来上海之人
辛苦承饭不见受伤

6. 更意特医治郡此时存
物皆由典废更年筹救
三方两旬以内万不能
赖印将抽壹上海不能
立三推有逃避他方展
时音童园体如将四散
围难已清弟分 安徽

孙毓筠、邓恢宇致宫崎滔天函（1918年5月24日）（一）

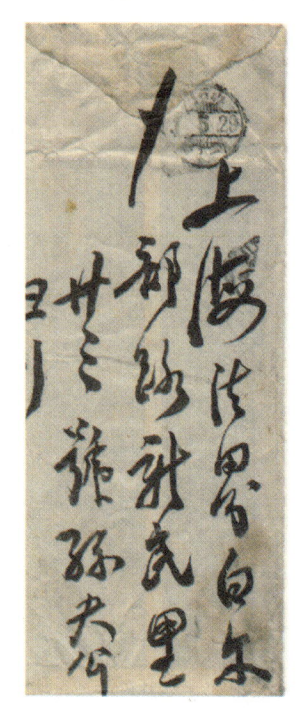 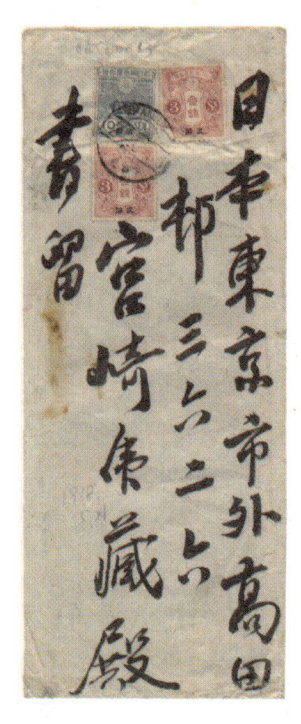

释读

滔天先生阁下：

　　拜启：前寄之书计已达览。泽村君回沪，叙述此次在皖南所勘各矿，除李培因之煤矿外，尚有最佳之铜矿、铁矿等均可设法由筠收买、抵押款项等语。渠明日准回神户，携有图多种，并说明书等。务乞我兄接信后，挪暇即至神户，与泽村君见面商榷办法，同访铃木本店矿务部长，要求即派员来上海订立合同，愈速愈妙。

　　筠处刻下经济困难已达万分。安徽内地发难之人，均因倪嗣冲指名捕拿之故，先后逃来上海者，其数已达三百人以上，租房吃饭等费，均须筠担任，而逃来仍源源不绝。其在内地被捕及战死者之家属，亦亟待寄钱周恤。若不予接济，则将来革命更难望大众之尽力。且来上海之人，率皆衣履不完，受伤者更急待医治。筠此时衣物皆已典尽，更无筹款之方，若两旬以内不能得款，即将坍台。上海不能立足，惟有逃避他方。届时吾党团体必将四散，（续下页）

7 節有何面目再見同志乎
閣下李協和巳率師三
萬人分兩路急攻江西陳
光遠之兵勢不能敵壘
電北京乞援而段祺
瑞己無兵可派預計

8 西歷一月以內必攻南
昌九江安徽與江西昆
連南軍一區贛州安
徽之路民軍吓特畢
備起事響應南軍
需款急如吊頸弟分

9 萬懇我
兄託玉神戶杉育金子
及鏡務部長迅速派人
前來行？會自當為手
敷以濟急需我
兄熱心扶助中國掩護

10 共和會黨主人莫不感激
不特東生同志從人而已
引領東生回府頂禮
拜謝尊夫人函及
澤村君兩陳不像發及
敬請道安弟萬宇同叩
五月二十四日

8 再太田君近日態度頗
冷淡對於承芳兒甚
為隔閡諸承芳兒本
店另派安雲前來專毋
此事以冀連成玉禧一
弟毓筠叩叩

孙毓筠、邓恢宇致宫崎滔天函（1918年5月24日）（二）

释读

（接上页）

筠有何面目再见同志乎？

刻下李协和已率师三万人，分五路急攻江西，陈光远之兵势不能敌，叠电北京乞援，而段祺瑞已无兵可派。预计至迟一月以内，必攻克南昌、九江。安徽与江西毗连，南军一过赣州，安徽各路民军即将准备起事响应。南军需款急切，已到万分。万恳我兄亲至神户切商金子及矿务部长，迅速派人前来订定合同，签字交款，以济急需。我兄热心扶助中国，拥护共和，全国之人，莫不感激，不特弟等同志诸人而已。引领东望，同深顶礼。余详尊夫人函及泽村君面陈，不复赘及。敬请

道安

弟筠、宇同启

五月二十四日

再，太田君近日态度颇冷淡，对于弟等意见甚为隔阂，请商铃木本店，另派妥员前来专办此事，以冀速成。至祷。

弟毓筠拜启

拜获迭读
敬悉 吾夫人由
京赴贵国政府向南
此要协之说借款
赎城购事均暂停
止至主张以为
贵国政府误信报章
鼓吹之词据敝国南
北两党皆未深考及
陛将目前不能交协
之情形详陈於左
一北方今皖直两系
此次曹张之出兵保
冯国隙暗中授言欲
藉此以倒段而直
皖系实仍迟皖直
质言之皖潮派
果有诚意向南方言
和仲假令段祺瑞
果倒冯国隙仍不
肯轻言仪和届时
必以湖南鄂军异

孙毓筠、邓恢宇致宫崎滔天函（1918年6月7日）（一）

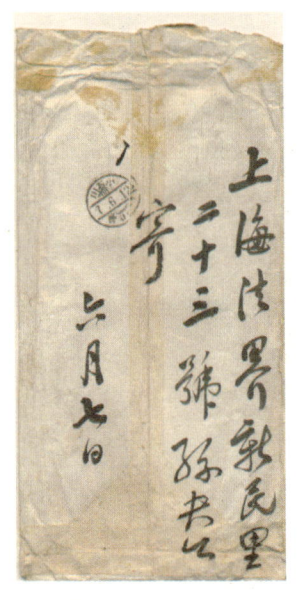
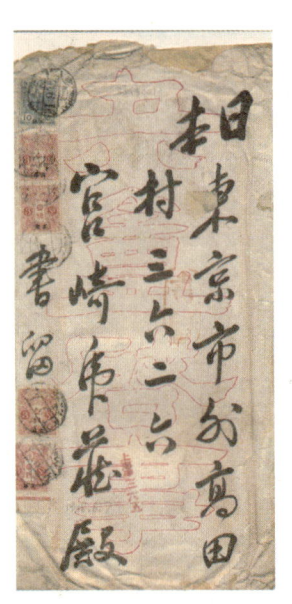

释读

拜启：

迭读执事致尊夫人书，知贵国政府闻南北妥协之说，借款、购械两事均暂停止云云。窃以为贵国政府误信报章鼓吹之词，于敝国南北内容皆未深考也。谨将目前不能妥协之情形详陈于左：

一，北方分皖、直两系。此次曹、张之退兵，系冯国璋暗中授意，欲借此以倒段内阁。质而言之，仍是皖、直两系之暗潮，非冯派真有诚意向南方言和也。假令段祺瑞果倒，冯国璋仍不肯轻言议和，届时必以湖南督军畀（续下页）

二

吴佩孚而倜張敬堯離湘吴為立翻人也敵人也張卻吴果肯湘直系為們主戰所使表面下一停戰之令以安以南方法不服進之事件提出如保舊比舊國會成令南軍令合集新國會而不悔後皆是新國會決之事件報是出湖南之軍令都是出四川此等事件供告領所决不敝不認者以此而言妥協堂不之題耳里況段由内閣感度依然硬便不因曹錕等皇追兵而遷就退志近且因龍濟光入亦削平而粵之益堅徐樹錚為段升畫而主戰之言之靈魂至反對妥協之力最大馮國璋畏之

释读

（接上页）

吴佩孚，而调张敬尧离湘（吴为直隶人，张则安徽人也）。吴果督湘，直系必仍主战。即使表面下一停战之令，亦必以南方决不能承认之条件提出。如依旧法召集新国会，而不恢复旧国会，或令南军全数退出湖南，滇军全数退出四川，此等条件，皆西南诸首领所决不能承认者。以此而言，妥协岂非去题万里？况段内阁态度依然强硬，绝不因曹锟等之退兵而遽萌退志。近且因龙济光入京，陈削平两粤之计画，而主战之意益坚。徐树铮为段之灵魂，其反对妥协之力最大。冯国璋畏之（续下页）

三

务席亚不敢向人提及和之一字倘言招降南军至果情之情态度必聚无而敢迫段会咸乎徐世昌果士绅举举近日推倡安协之说而由此见客段氏冯国璋说此际起外又见轻敌南方之举竟无兵械俘年左右全国之力即士绅名者家境自方民堂尤西之仇军出面倘更无至价值之可言等资格稍老世后辞归疑未能满贮文保旧官僚之魁首柴子登变旧官僚皆连被向此政次必益加窃败南此民意堂俊不领此次京津与果士绅等柑载勲与全保任此次西林部下武家皆保岑西林部下政家章士钊否锋绮张繼党等步敢人所运动者方面思费生主协之说此人者考民意堂中必官僚派热心作官思萌俱停之说故每徐世昌

孙毓筠、邓恢宇致宫崎滔天函（1918年6月7日）（三）

释读

（接上页）

如虎，至不敢向人提及"和"之一字，仅言招抚南军，其柔懦之情态，可以概见，而敢迫段去职乎！徐世昌、梁士诒辈，近日虽有提倡妥协之说，而内既不见容于段氏（冯因徐有运动选举总统之说，亦深忌之），外又见轻于南方，若辈毫无兵权，绝无左右全国之力（梁士诒名誉最坏，自好之士羞与为伍，南方民党尤恶之如仇，梁出面调停，更毫无价值之可言。徐资格虽老，然复辟嫌疑未能湔洗，又系旧官僚之魁首，渠若登台，旧官僚皆连袂而进，政治必益加腐败，南北民党绝不愿推戴，其无价值与梁士诒相等）。此次京津方面忽发生妥协之说者，皆系岑西林部下政客章士钊、谷钟琇〔秀〕、张耀曾等少数人所运动。此数人者，为民党中之官僚派，热心做官，思借调停之说，以与徐世昌、（续下页）

四

罢去徒势相联合为他日外官贵对之地岑西林阮不就代表西南章莽竹素为民党所恶更年余徧已章去剑华亦不如妥协之说不能成为事实但获此好使政次方面活动而已此此方之真象也

一西南方面近日曾有祖赖和之电然于要助一在恢复旧国会举此事不能办到决不罢兵近日陆唐辈令旭领袖通电声明不再声明就恢复旧国会决定要协上所顾接奥电国会所鉴各信裁吴将就成军政府不日将成立国会仪式六月以内可已半了数到粤七月十日半了正式开会军政府成立迟早论何有不但军独

释读

（接上页）

梁士诒等相联合，为他日升官发财之地。岑西林既不能代表西南，章、谷等素为民党所恶，更无论已。章士钊辈非不知妥协之说不能成为事实，但借此以从政治方面活动而已。此北方之真象也。

一，西南方面，近日虽曾有愿和之电，然其要点在恢复旧国会。若此事不能办到，决不罢兵。近日陆、唐等全体领袖通电，曾一再声明，非恢复旧国会，决无妥协之余地。顷接粤电，国会所选各总裁皆将就职，军政府不日成立。国会议员六月以内可有过半数到粤，七月十二日准可正式开会。军政府成立后，无论何省不得单独（续下页）

媾和此番之戰之表示就事實觀之李烈鈞已得南雄朱玖玨攻大庾嶺陳炯明攻閩正在激戰湖南湘西湘南兩方面與來停戰宜昌為滇川軍所圍已有不支之勢四陝西軍已入陝西境內日內當由棧澤中西南軍之正向各方面積趣進行益年停頓之意陸邦此銷解散國會之令湖南一有仍澤南方所有法令俱和之好地此種政府甘心讓步允下撤意見極為堅決西南各省領及國會大多數語吳大都一致主張到底各省民黨更無論已此南方之真象也保以上所言視之可也

释读

（接上页）

媾和，此皆主战之表示。就事实观之，李烈钧已得南雄，现正进攻大庾岭；陈炯明攻闽，正在激战；湖南湘西、湘南两方面亦未停战，宜昌为滇川军所困，已有不支之势；川滇军已入陕西境内，日内当已抵汉中。西南军事正向各方面积极进行，并无停顿之意。除非北政府甘心让步，允下撤销解散国会之令，湖南一省仍归南方所有，决无调和之余地。此种意见极为坚决，西南各首领及国会大多数议员大都一致主张到底，各省民党更无论已。此南方之真象也。

　　综以上所言观之，可（续下页）

六兄委協之期尚遠三
个月内决不能见彼乃實
可以断言况此方直皖两
系暗潮方到相持日久
必将發生极大變故
復辟之事月下正在
酝酿中将来北京方
面务省變故發生
七年有间之故事
難免不再演一場惡
劇岑晤中俊察知之
甚悉敌敢陈之
左右
先生为弟十條来所
钦仰击倭冒昧通函
祉以此出永两先生
并以南北两方面不
能安協之真相
代陳徒
贵國當邑社公俾
楚此於敝國真相
匆匆多報章所載○不

释读

（接上页）

见妥协之期尚远，三个月内决不能见诸事实，可以断言。况北方直、皖两系暗潮方烈，相持日久，恐将发生极大变故。复辟之事，目下正在酝酿中，将来北京方面若有变故发生，去年六月间之故事，难免不再演一场恶剧。弟暗中侦察，知之甚悉，故敢陈之左右。

　　头山、寺尾两先生为弟十余[年]来所钦仰，未便冒昧通函，祈以此函示两先生，并以南北两方面不能妥协之真相代陈诸贵国当道诸公，俾晓然于敝国真相，勿为报章所载不（续下页）

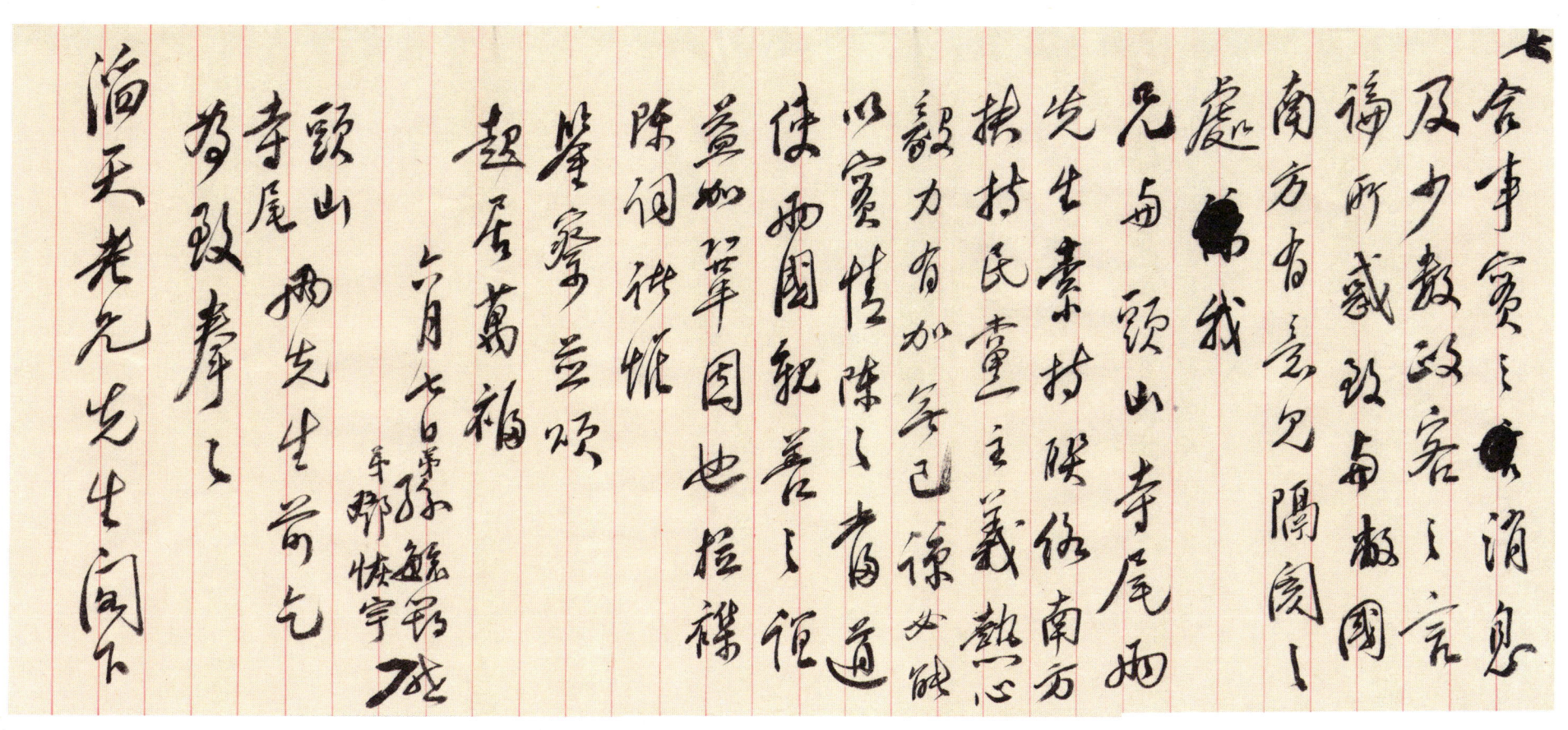

孙毓筠、邓恢宇致宫崎滔天函（1918年6月7日）（七）

释读

（接上页）
合事实之消息及少数政客之言论所惑，致与敝国南方有意见隔阂之处。我兄与头山、寺尾两先生素持联络南方、扶持民党主义，热心毅力有加无已，谅必能以实情陈之当道，使两国亲善之谊，益加巩固也。拉杂陈词，诸惟鉴察。并颂
起居万福
滔天老兄先生阁下

                弟孙毓筠
                弟邓恢宇启
                  六月七日

头山、寺尾两先生前乞为致拳拳。

八卣电南锡镶拨押侩款事务恳乞兄仍稜極迄り後镶镶税每年有六十好萬元钜其利益之大可以深见贵国人士知之此甚多廣蒙公认事代懇乞先如此希壯即令兄驻滬代表李宗黃君速赴東京办理此予及購械事宜兄電或函到即行諸亨兄商之頭山幸尾两先生偕回向首邑通说期於速成作为年任合祷之至再以夏俊吴寵宇破李君宗黄举荐

安

释读

　　再，云南锡矿抵押借款事，务恳吾兄仍积极进行。该矿矿税每年有六十余万元之巨，其利益之大，可以概见。贵国人士知之者甚多。唐蓂公托弟代恳吾兄，如有希望，即令其驻沪代表李宗黄君，速赴东京办理此事及购械事，候兄电或函到即行。请吾兄商之头山、寺尾两先生，偕同向当道通说，期于速成。临书无任企祷之至。再颂
夏绥
　　　　　　　　　　　　　　　　　　　　　　　　　　　　　　　　　　　　弟筠、宇又启

李君宗黄嘱笔请安。

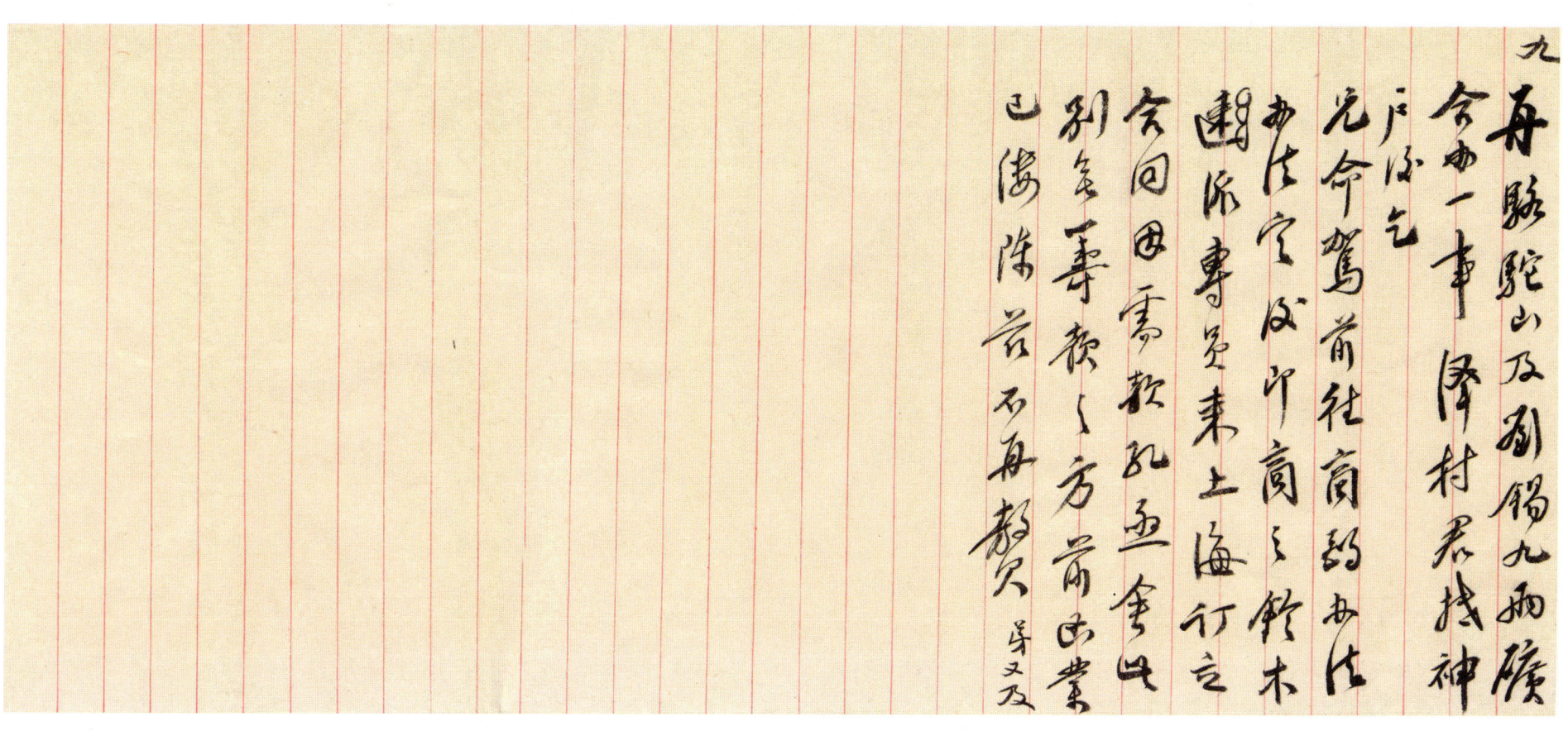

孙毓筠、邓恢宇致宫崎滔天函（1918年6月7日）（九）

释读

再，骆驼山及刘锡九两矿合办一事，泽村君抵神户后，乞兄命驾前往商酌办法。办法定后，即商之铃木，速派专员来上海订立合同。因需款孔亟，舍此别无筹款之方。前函业已缕陈，兹不再赘。

弟又及

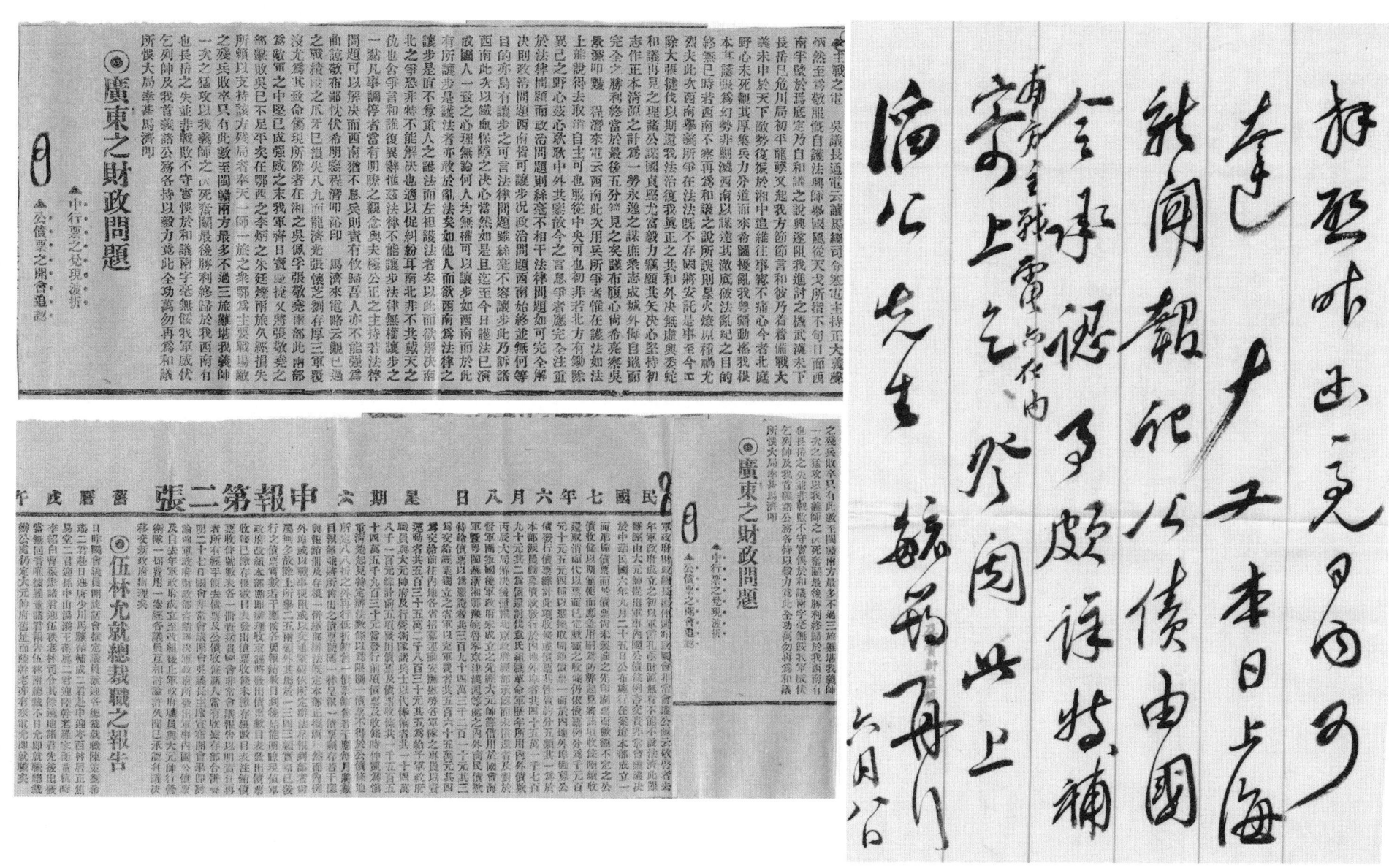

孙毓筠致宫崎滔天函（1918年6月8日）

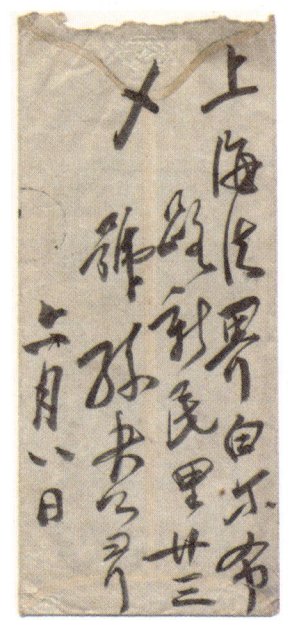 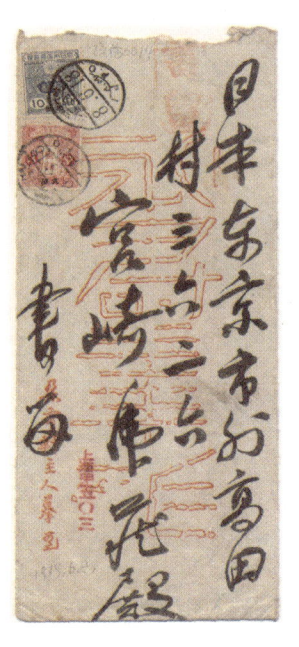

释读

拜启：

　　昨函亮〔谅〕日内可达左右。本日上海新闻报记公债由国会承认事颇详，特补寄上（南方主战电亦在内），乞察阅。

　　此上

滔公先生

毓筠再拜
六月八日

　　附录：报纸

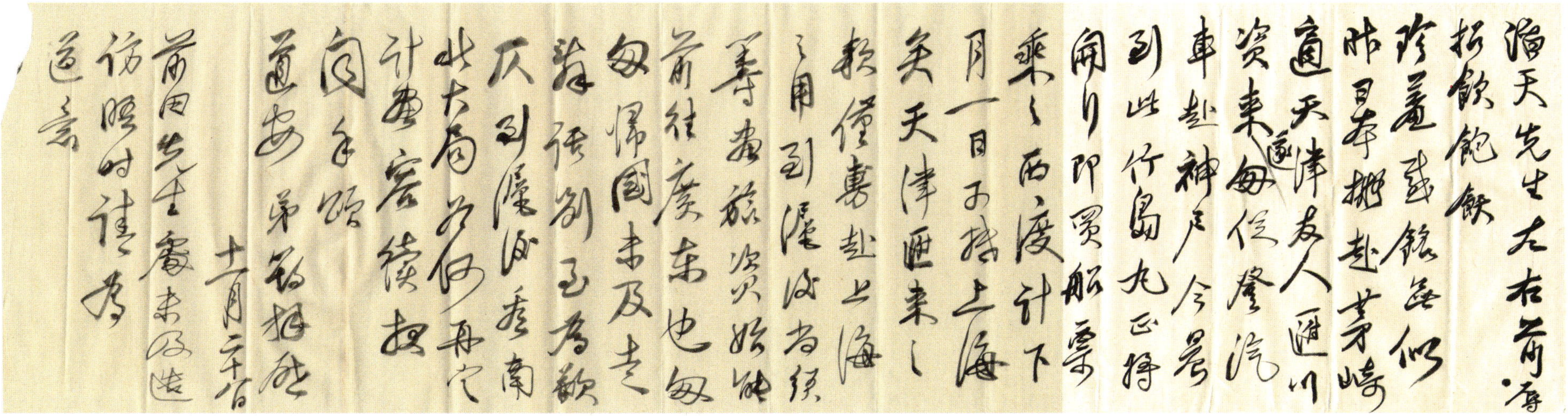

滔天先生大右前席

抒欵飽飲珍羞盛饌無似昨晨拋去芳崎適天津友人匯川資來每位登汽車赴神戶今号到此竹島丸正将向外即買船票乘々西度計下月一日可搭上海矣天津匯來敬候妻赴上海之用到滬後若續等畫旅資次始納前往廣東也匆匆歸國志及志並無别玉為歇仄引滬成參商此大局为何再仃計畫容續报

匈安 弟名拓成

前因芝苓審末囬造仿胞时請為遥之

十一月二十八日

孙毓筠致宫崎滔天函（1918年11月28日）

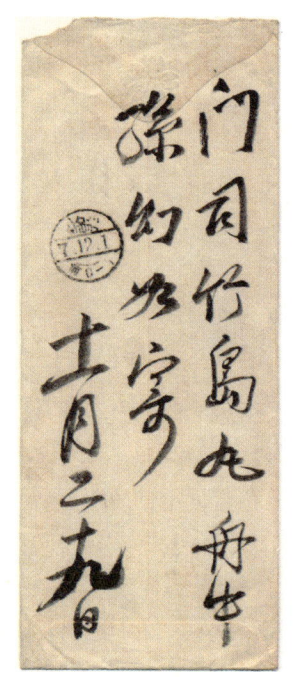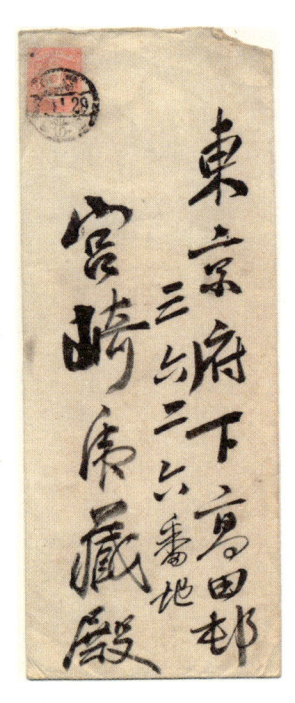

释读

滔天先生左右：

前辱招饮，饱饫珍羞，感铭无似。昨日本拟赴茅崎，适天津友人汇川资来，遂匆促登汽车赴神户。今晨到此，竹岛丸正将开行，即买船票乘之西渡，计下月一日可抵上海矣。天津汇来之款，仅勇赴上海之用，到沪后尚须筹画旅资，始能前往广东也。匆匆归国，未及走辞话别，至为歉仄。到沪后看南北大局如何，再定计画，容续报闻。手颂

道安

弟筠拜启
十一月二十八日

前田先生处未及造访，晤时请为道意。

今日天津运来宋瓷罐两件倍以所向前运费沙务款照旧办理以应急需重烦陆神弟激何极附上宋瓷价单一通乞收妥送前进陶春馆由子赞兑祥陈年瓷滔天先生近祺 弟毓筠拜启 元月廿七

释读

  今日天津又运来宋瓷垆两件,请公即向前途交涉,务于明日成约交款,以应急需。重烦清神,感激何极!附上宋瓷价单一通,乞察收,转送前途阅看。余由子赞兄详陈。手颂
滔天先生道祺

弟毓筠拜启
元月二十七日

宋里定窯碗 四萬元
宋里窯鈞碗 一萬八千元
宋紅鈞餅 八千元
宋官窯青壺餅 八千元
宋官窯青壺餅 八千元
宋哥窯葢瓷餅 六千元
宋哥窯寧葉餅 五千元
宋定窯藝鑪 一萬元
宋哥窯藝鑪 八千元
共宋瓷八件
原價華金捌萬三千
圖之

释读

  宋黑定碗　　　　两万元

  宋黑钧碗　　　　一万八千元

  宋红钧瓶　　　　八千元

  宋官窑箭壶瓶　　八千元

  宋哥窑茄袋瓶　　六千元

  宋哥窑穿带瓶　　五千元

  宋定窑彝垆　　　一万元

  宋哥窑彝垆　　　八千元

  共宋瓷八件

  原价华金八万三千元正

宫崎大嫂夫人左右：弟不幸罹此肝弱之症，愈旋愈甚，近因呕气过甚病益剧，日前赴医院诊有一日无车，西肥陆皆全身无力成色軍，後两點看我打罪如针三次，不甚见效，两因乡中人为疑，我务装病不肯见客者径承

家属改变者可径承心途不欲告谓假斥外数日腾掷而要钱索款日为十数起逼迫第不能任应付草如此以省离雖園离淮又頂驥掃而萃津馬病盐知而無餡食数饭佇加詹以故百之乃得房初等頊叉欲归還传来清楚

作下之頯倔萃東行以資今疢決定乘郵船東洛因做遥回入耳目扬各不致外泄兮子賚及之舊均来乃走辞詣副心甚戚然作也知我者格外融諕耳澤衬凡日東溏所等爵名憂極此子賚及弟行後此子育

嫂与子賚兄主持一无可以協商办理東印石去漁以至際礙万仍舊進行得束此省為雪氷親姒之憂共要到東风仍為病後之一仍省初容国汲办理生以之意錢粧告乃嘉病中不克子賚之为病中不

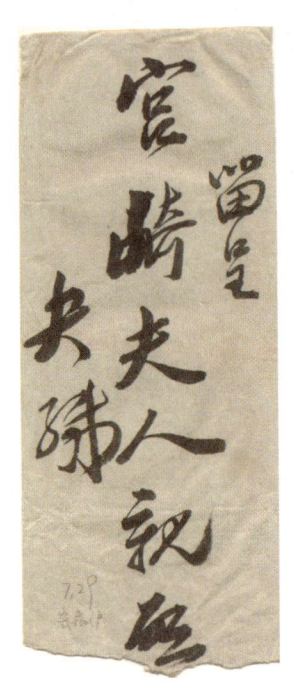

释读

宫崎大嫂夫人左右：

  弟不幸罹心脏弱证，旋愈旋发，最近因呕气过甚，病发益烈。日前赴医院，甫下人力车，两眼陡昏，全身无力，几至晕绝。西医为我打药水针三次，亦不甚见效。而同乡中人尚疑我为装病不肯见客，有谓弟宗旨改变者，有谓弟心迹不明者，谤毁之声，日腾于耳。而要钱索米之书，日必十数起，逼迫万分，无法应付。万不得已，只有密图离沪，以避骚扰。所幸津寓所当衣物，经舍亲设法加当，得数百元，乃将房租等项欠款归还，结束清楚。余下之款，仅夥东行川资。今夜决定乘邮船东渡，因欲避同人耳目，不得不格外秘密。尊处及子赞兄处均未得走辞话别，心甚歉然。惟望知我者格外体谅耳。

  泽村不日来沪，所筹办之事，弟极赞成。弟行后，此事有吾嫂与子赞兄主持一切，可以协商办理。弟即不在沪，亦无障碍，可仍旧进行。将来如有必需弟亲办之处，只要到东后病体复元，一得尊处函约，仍当秘密回沪办理。望以此意转告子赞兄为荷。病中不（续下页）

孙毓筠致宫崎滔天夫人函（□年7月29日）（二）

释读

（接上页）

能多作字，故子赞兄处未另致书，见面时务祈将弟意转达，是所切祷。

　　再者，胜田馆前此代垫当铺利息八十元，日久未能缴还，抱歉万分。刻下手中所余止够东行川资，无钱再还此款。再三筹思，只有令姬人回苏，向亲戚设法拼凑八十元，凑齐后即专人送沪，亲呈吾嫂转付胜田馆主，以清款目，而保信用。将来此款送到尊处，即请转交胜田并索收据，交来人带回，由姬人收存。琐事烦神，感谢曷极。手此。敬颂

暑绥

　　　　　　　　　　　　　　　　　　　　　　　　　　　弟孙毓筠拜启

　　　　　　　　　　　　　　　　　　　　　　　　　　　七月二十九日

子赞兄处不另作书，乞以此函密示之。

泽村事仍遵吾嫂之嘱，未办成以前暂守秘密。并告。

刘锡九及骆驼山事，到东后当商之滔兄，力图进行。

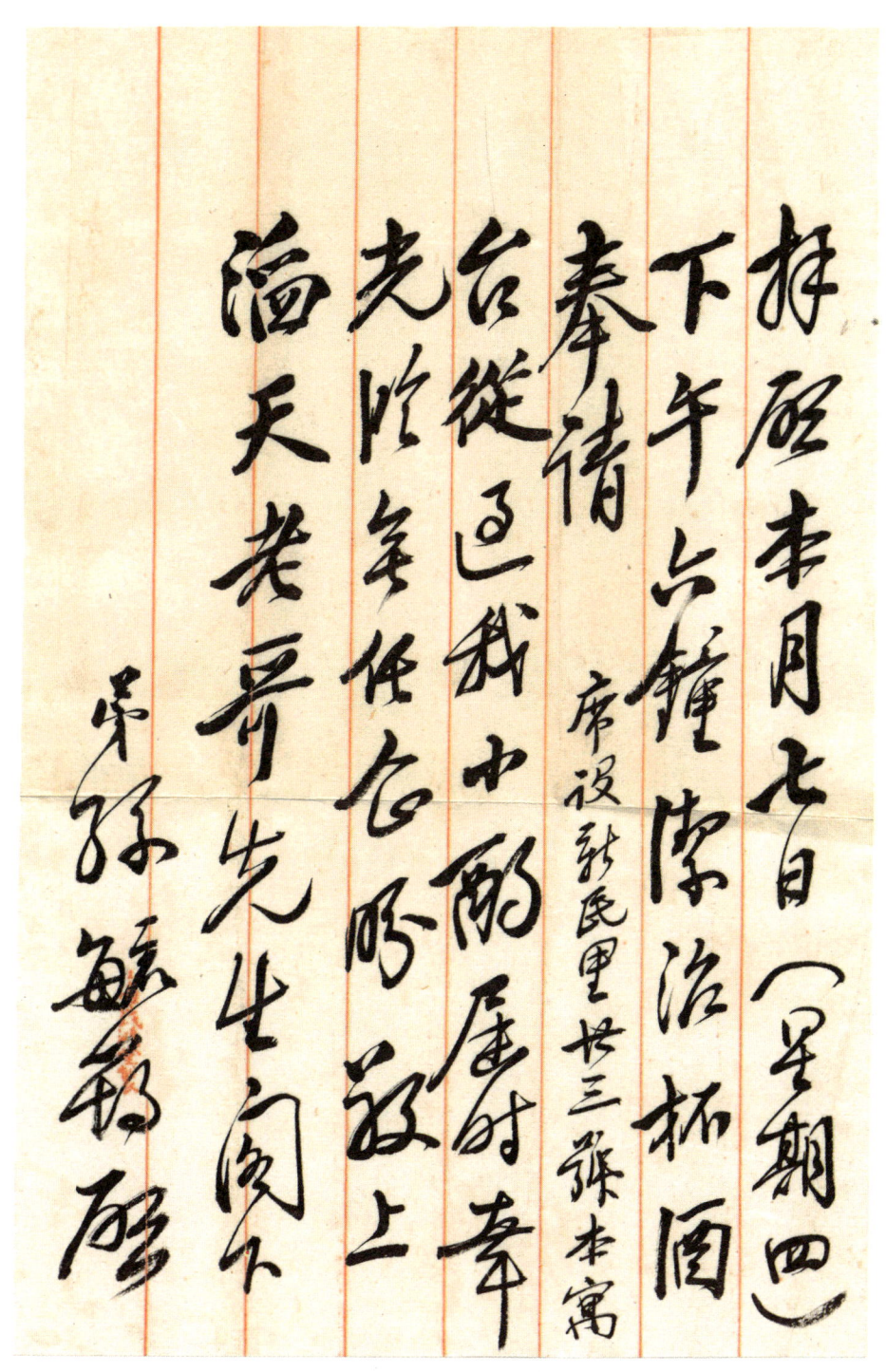

孙毓筠致宫崎滔天函

释读

拜启：

本月七日（星期四）下午六钟（席设新民里廿三号本寓），洁治杯酒，奉请台从过我小酌。届时幸光临，无任企盼。敬上

滔天老哥先生阁下

弟孙毓筠启

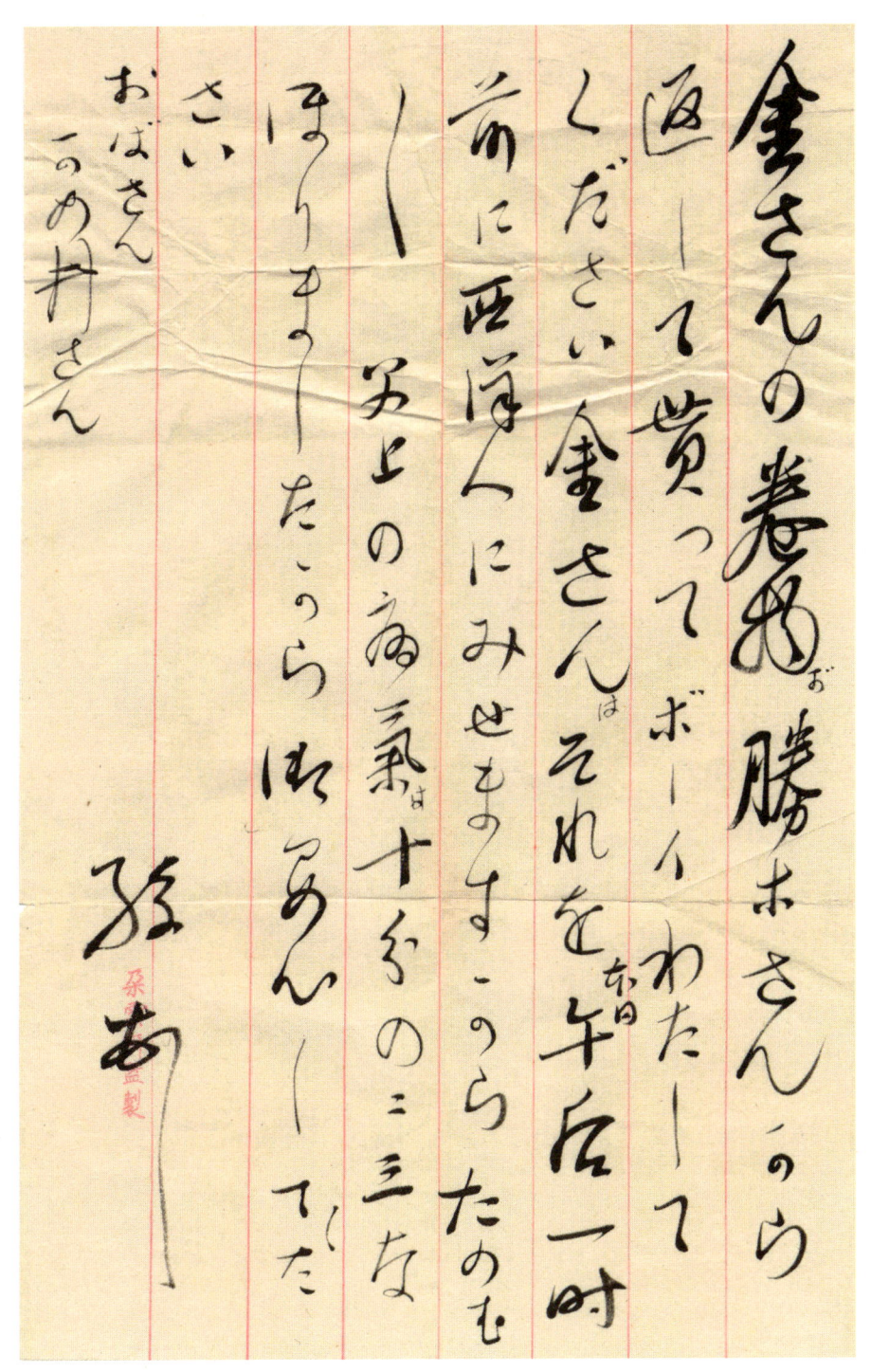

孙□致宫崎滔天夫人函

宫崎滔天家藏民国人物书札手迹（第五卷）

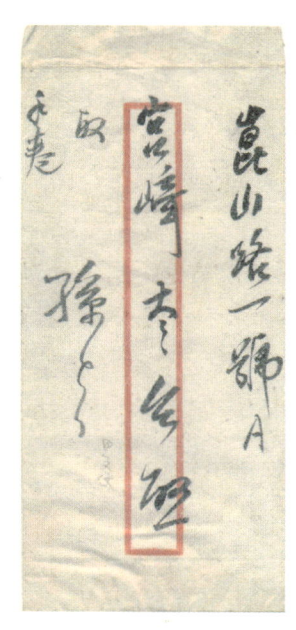

释读

　　金さんの巻物が勝木さんから返して貰ってボーイわたしてください。金さんはそれを本日午后一時前に西洋人にみせますからたのむ、たのむ。
　　父上の病気は十分の二三なほりましたから、御安心してください。
　　おばさん
　　かめ井さん

孫頓首

中译文

　　胜木君所借小金的书画,请还给他们家(男佣)。小金今天下午一点前想拿给洋人一看,拜托拜托。
　　父亲之病已经好了十之二三。敬请安心。
伯母
龟井 先生
　　　　　　　　　　　　　　　　　　　　　　　　　　　　　　孙顿首

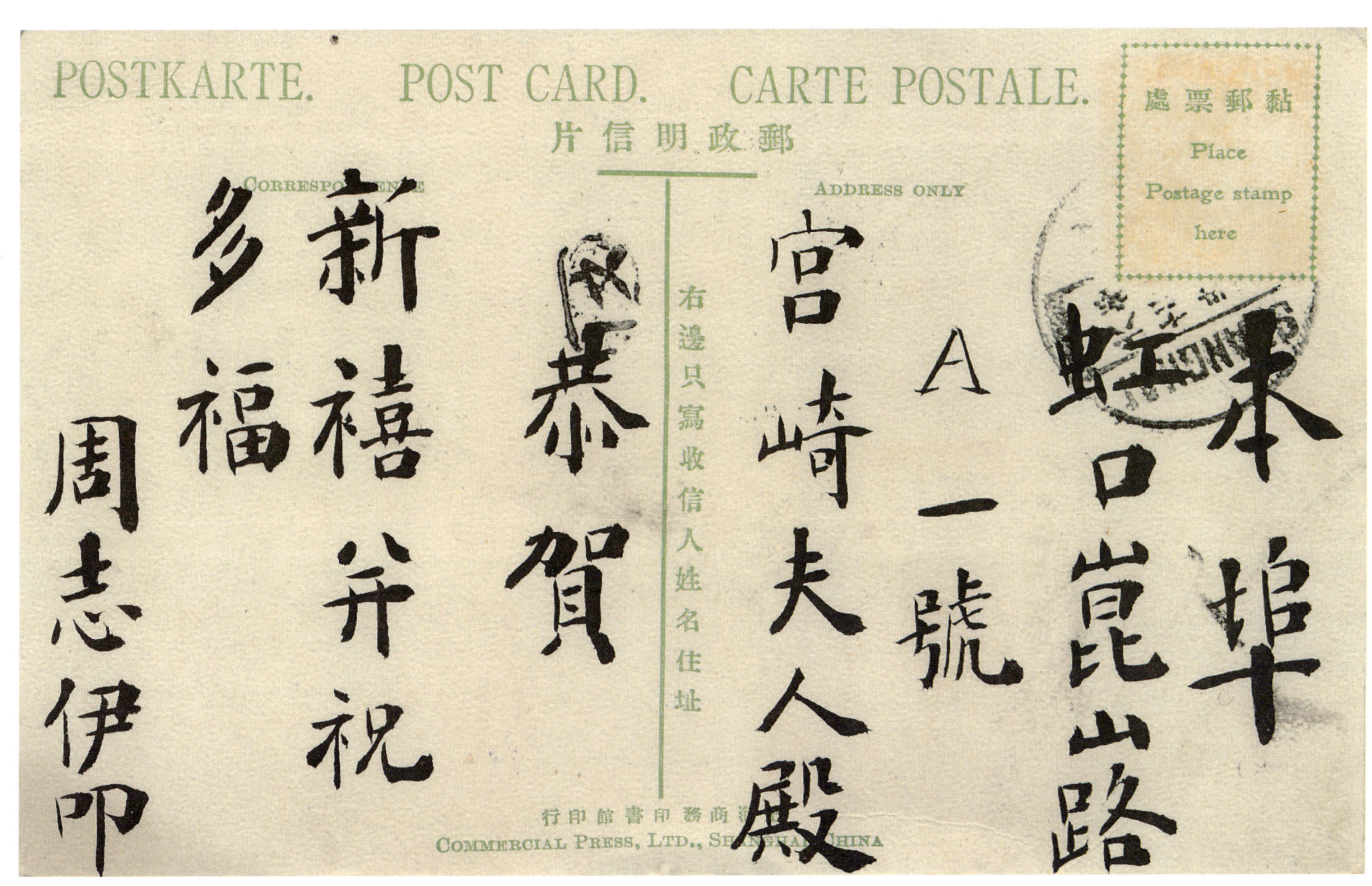

周志伊致宫崎槌子明信片（1917年12月□日）

宫崎滔天家藏民国人物书札手迹（第五卷）

释读

　　本阜虹口昆山路 A 一号
宫崎夫人殿
　　恭贺
新禧并祝
多福
　　　周志伊叩

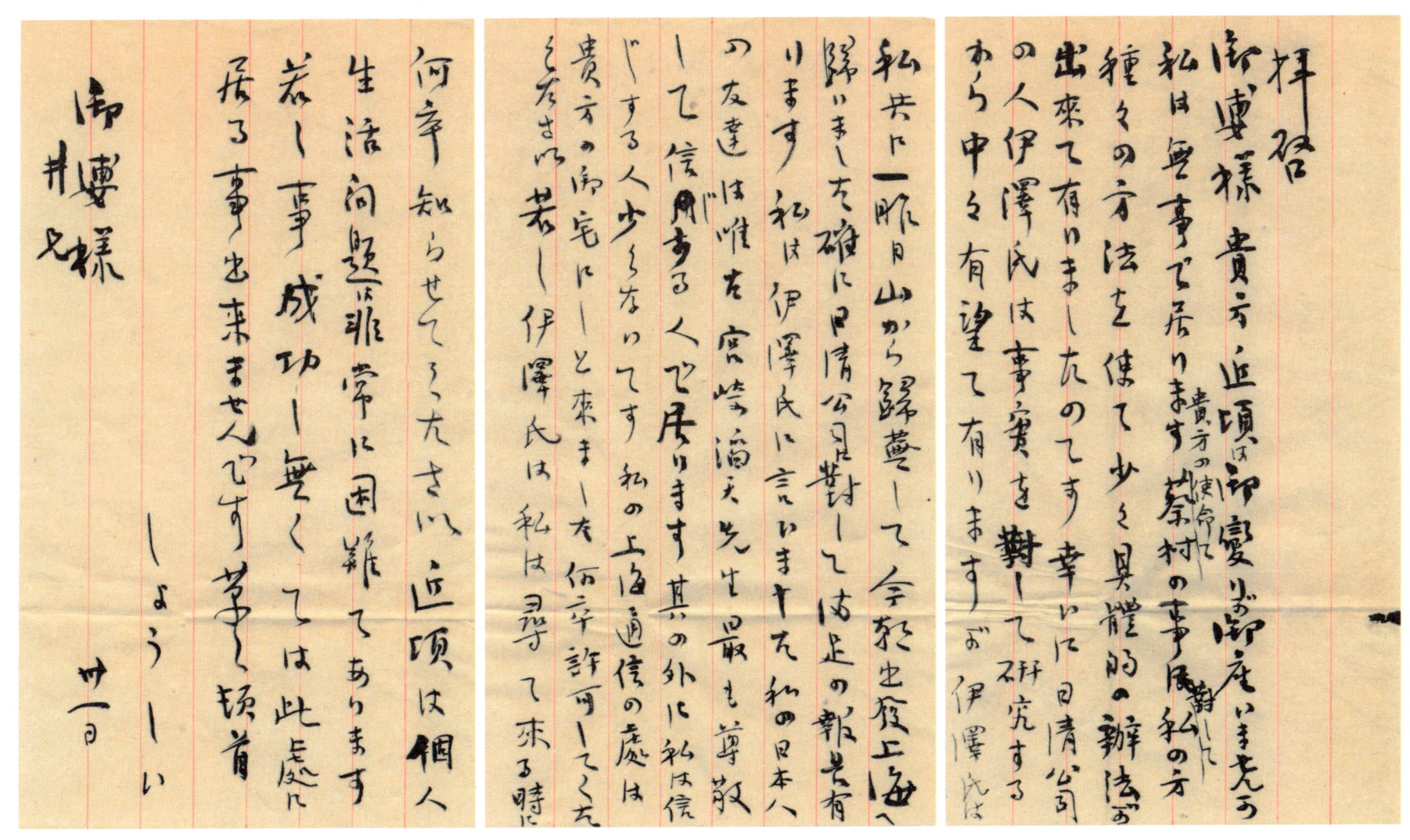

周志伊致宮崎槌子函（1918年10月31日）

宫崎滔天家藏民国人物书札手迹（第五卷）

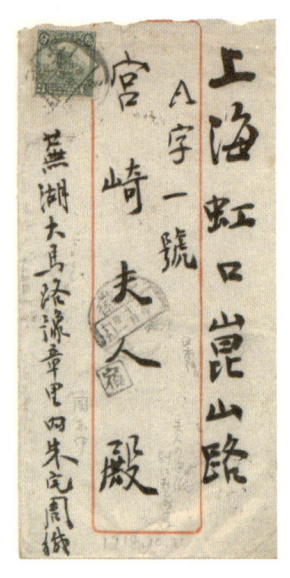

释读

拝啓

　御婆様貴方近頃は御変りが御座いませんか。私は無事で居ります。貴方の使命て蔡村の事に対して私の方種々の方法を使て、少々具体的の辦法が出来て有りましたのてす。幸いに日清公司の人伊澤氏は事実を対して研究するから、中々有望て有りますが、伊澤氏は私共に一昨日山から帰蕪して、今朝出発上海へ帰りました。確に日清公司に対して、満足の報告有ります。私は伊澤氏に言ひました。私の日本人の友達は唯た宮崎滔天先生最も尊敬して信じする人で居ります。其の外に私は信じする人少らないてす。私の上海通信の処は貴方の御宅にしと来ました。何卒許可してくたさい。若し伊澤氏は私は尋て来る時に何卒知らせてください。近頃は個人生活問題は非常に困難てあります。若し事成功し無くては、此処に居る事出来ませんです。

　草々頓首
　しょうしい

　卅一日
　御婆様
　井兄

中译文

拜启：

　　伯母近来身体无恙？我一切安好。蔡村之事，我采取种种方法，也使用了稍微具体的办法。所幸日清公司伊泽氏对事实有研究，相当有希望。伊泽氏与我昨日从山里同归芜湖，今晨出发返回上海。对日清公司要有满意的报告。我已向伊泽说明，我的日本人朋友唯宫崎滔天先生最值得尊敬与信赖，此外可信赖之人较少。我在上海的通信地址写了贵宅，无论如何请允许。如伊泽氏来访，还请通知一下。近来个人生活问题非常困难，若事不成功，则此处不能再停留。草草顿首

伯母、井兄

　　　　　　　　　　　　　　　　　　　　　　　　　志伊
　　　　　　　　　　　　　　　　　　　　　　　　　三十一日

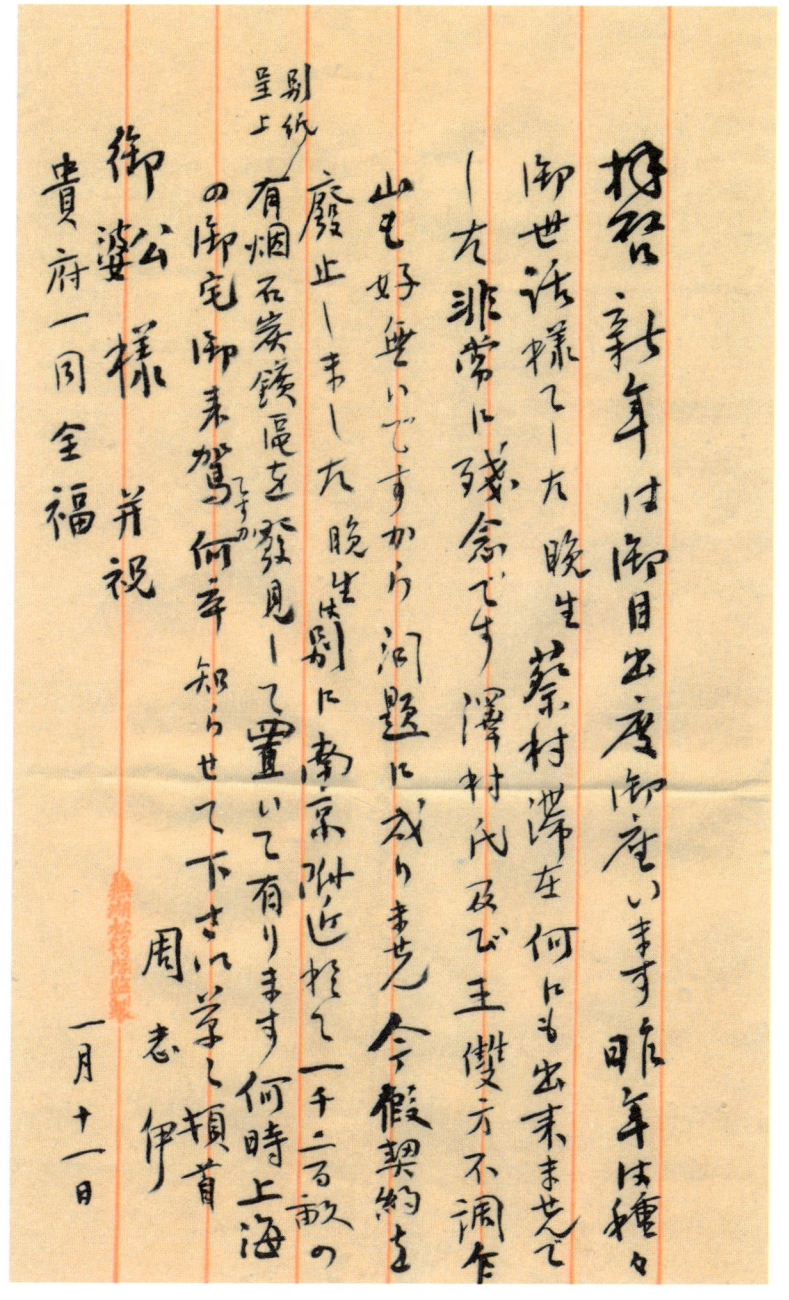

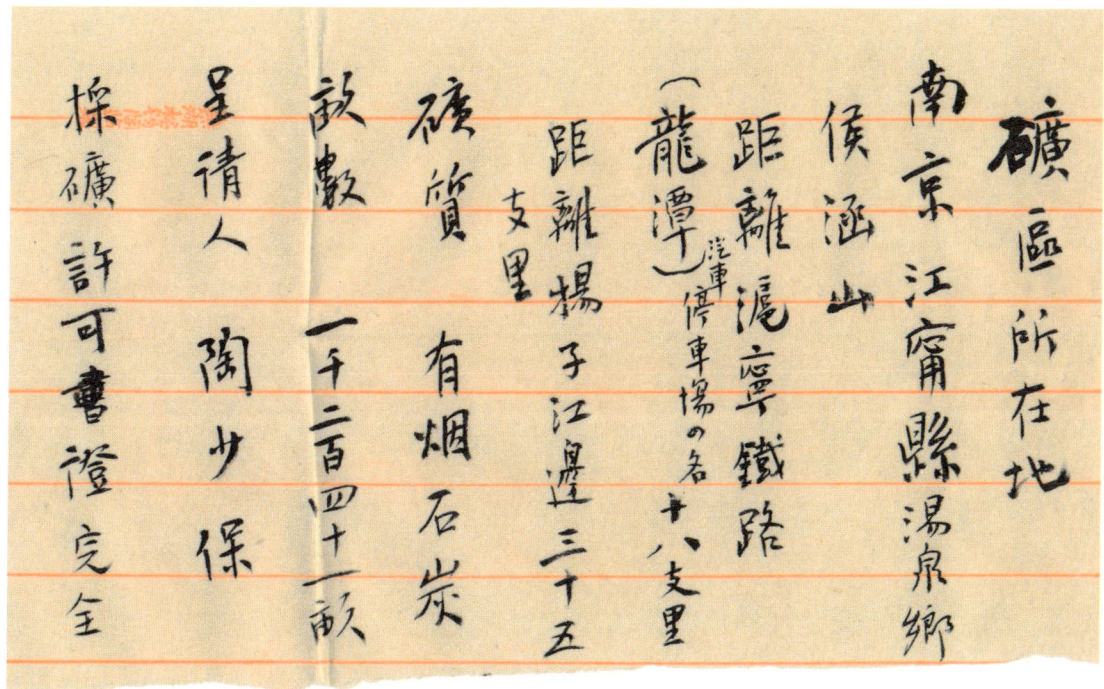

周志伊致宮崎滔天函（1919年1月11日）

宮崎滔天家藏民国人物书札手迹（第五卷）

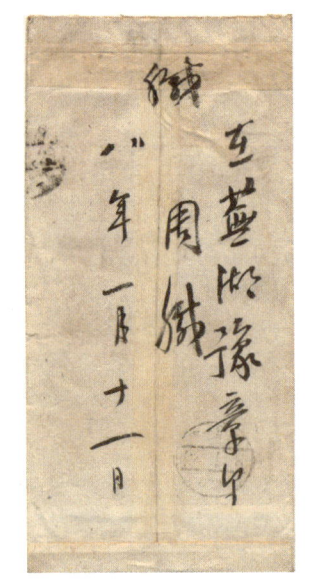

释读

拝啓
　新年は御目出度御座います。昨年は種々御世話様てした。晩生蔡村滞在何にも出来ませんでした。非常に残念です。澤村氏及び王雙方不調乍山も好無いですから、問題に成りません。今假契約を廃止しました。晩生は別に南京附近於て一千二百畝の有烟石炭鉱區別紙呈上を発見して置いて有ります。何時上海の御宅御来駕てすか。何卒知らせて下さい。草々頓首
　御公婆様　並祝
　貴府一同全福
　　　　　　　　　　　　　　　　　　　　　　周志伊

　砿區所在地
　南京江寧県湯泉郷
　侯涵山
　距離滬寧鉄路
　龍潭汽車停車場の各十八支里
　距離揚子江辺三十五支里
　砿質　有烟石炭
　畝数　一千二百四十一畝
　呈請人　陶少保
　採鉱許可書證完全

中译文

拜启：

　　新年快乐。去年关照很多，感激不尽。非常遗憾，晚生停留蔡村并未能做成任何事。泽村与王双方不合，也不喜山，这些均不成问题。现今假契约已经废止，晚生在南京附近另发现一处一千二百亩的有烟煤矿（另纸呈上），未知何时来驾上海，敬请告知。草草顿首。
伯父伯母
并祝贵府全福

　　　　　　　　　　　　　　　　　　　　　　　　　　　　　　　周志伊
　　　　　　　　　　　　　　　　　　　　　　　　　　　　　　　一月十一日

　　矿区所在地：南京江宁县汤泉乡侯涵山，距离沪宁铁路（龙潭）（火车站名）十八华里，距离扬子江边三十五华里。矿质：有烟石炭。亩数：一千二百四十一亩。呈请人：陶少保

　　采矿许可证完全。

拝啓御子供されし誠に有難御座います
御子細蕪湖着き時に丁度晩生不在中
南京府の礦區は二ツ有ります陶姓のは
まだ掘り左事有りません モ一ツは穴三ツ
有ります見本は蕪湖ト置いて無く晩生
南京行く時に取て差上ます
安徽省の省議會及實業廰各官
廰又當地の紳士商人は聯絡す
る事容易で有ります 晩生は此處に
一年半もらぬ居りましたから此處の
情形悉く知て居ります 晩生の友人
歐慶瀾と云ふ人は蕪湖の事悉
く知ります 此の人は上海に呉服商店開いて居ます
劉湖種間の圖替は王と云ふ人 交际南れば今紹
劉對の友人です 若一 介
御婆様 上海に御来賀らば
する事は晩生責任ーます晩生は
四月迄に待って居りますから

宮崎御公婆様
 頃苗 二月廿七日
      周志伊

御公婆様に宜しく
拙荊及び内の兄は
亀井兄面會続き居ます

孫鏡筠氏は又左東京へ戻りますか
亀井忠 御宅に居ります

宮崎御婆様
遙視
御全宅萬福

宮崎滔天家藏民国人物书札手迹（第五卷）

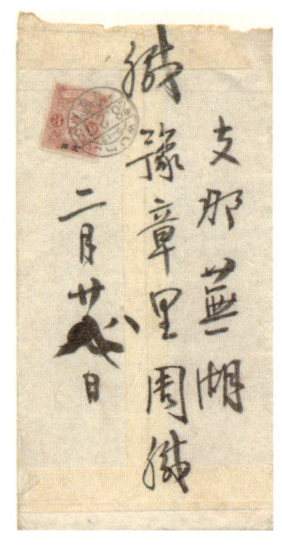
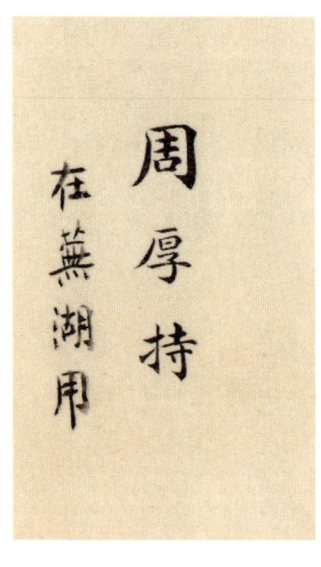
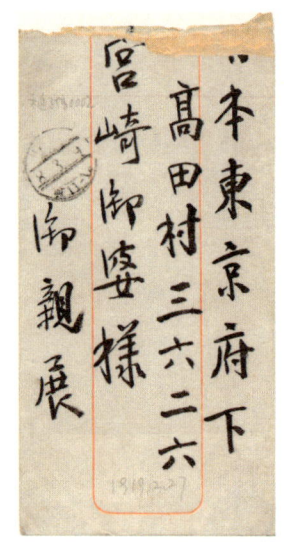

释读

拝啓

　御手紙くたされ誠に有難御座います。御手紙蕪湖着く時に、丁度晩生不在中。南京府の砿區は二つ有ります。陶姓のはまた掘りた事有りません。モーツは穴が三ツ有ります。見本は蕪湖に置いて無く、晩生南京行く時に取て差上ます。

　安徽省の省議会及実業庁各官庁、又当地の紳士商人は連絡する事容易で有ります。晩生は此処に一年半くらゐ居りましたから此処の情形悉く知て居ります。晩生の友人歐慶瀏と云ふ人は蕪湖の事悉く知ります。此の人は上海に呉服商店開いて居ます。亀井兄面会した事あります。

　蕪湖税関の監督は今王と云人居ります。

　此の人は劉澍の友人です。若し御婆様上海に御来駕交渉有れば、介紹する事は晩生責任します。晩生は四月迄に待って居ります。

草々頓首

拙荊及び内の兄は

御公婆様に宜しく

周志伊

二月廿七日

宮崎御公婆様

孫毓筠氏は又た東京に居りますか

亀井兄御宅に居りますか

遥祝

御全宅萬福

中译文

拜启：

　　收到贵函，感激不尽。贵函抵达芜湖时，恰巧晚生不在。南京府有两处矿区，陶姓矿区尚未进行过开采。另一处矿区有三个矿洞。样本未在芜湖，晚生赴南京之时取到再奉上。

　　联系安徽省省议会及实业厅各官厅、当地绅士商人均为易事，晚生居此一年半多，晚生之友人欧庆浏非常熟悉芜湖之事，其在上海开有吴服商店，和龟井兄相会过。

　　芜湖关税监督现在是王先生，此人乃刘澍之友。伯母若来上海，交涉、介绍之事均可托付晚生，至四月晚生一直在此。

拙荆及内兄 顿首

并问候伯父伯母

　　孙毓筠 尚在东京吗？在龟井兄家吗？

　　遥祝

全家万福

周志伊
二月二十七日

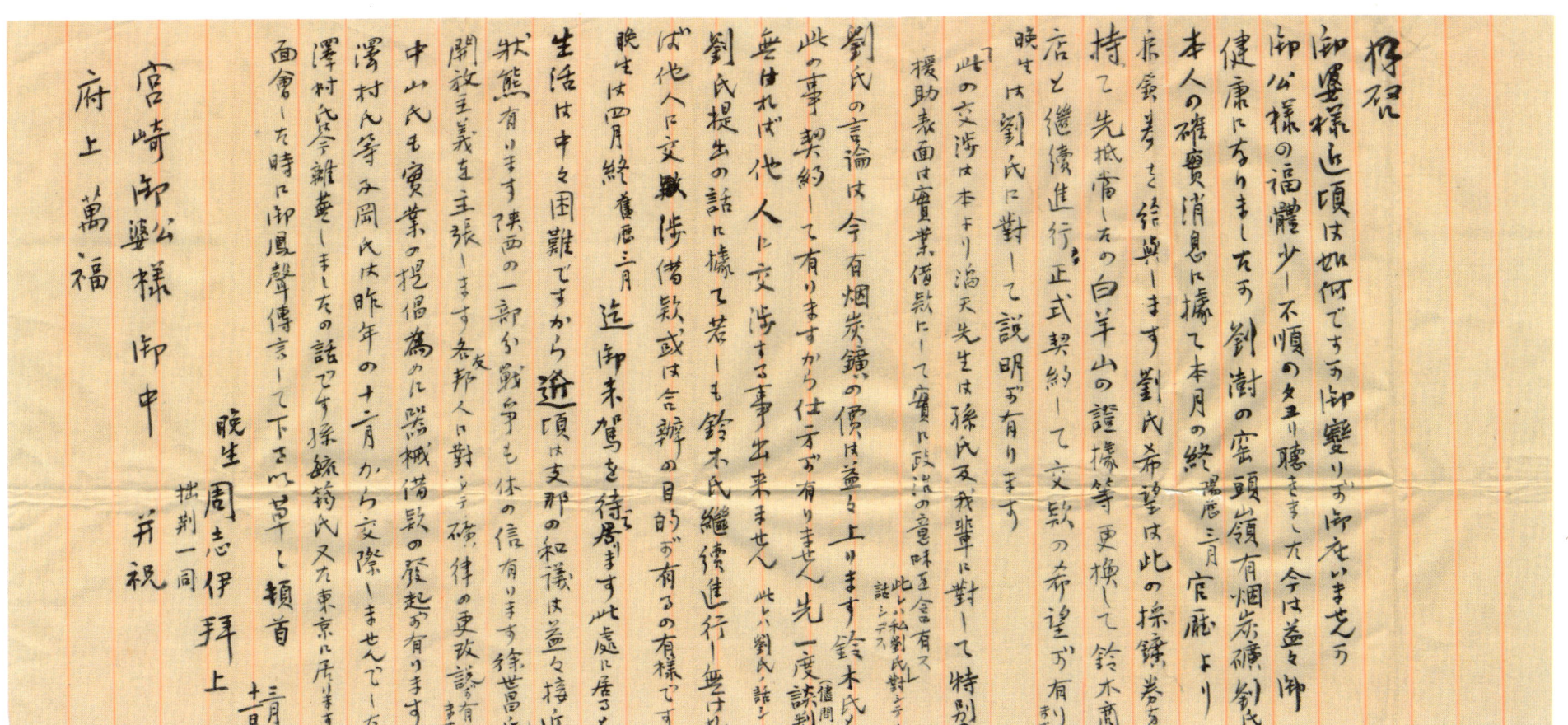

周志伊致宮崎槌子函（1919年3月11日）

宮崎滔天家藏民国人物书札手迹（第五卷）

释读

拝啓

御婆様近頃は如何ですか。御変りが御座いませんか。御公様の福體少し不順のタヨリ聴きました。今は益々御健康になりましたか。劉澍の窰頭嶺有烟炭鉱劉氏本人の確実消息に拠て本月の終陽暦三月官庁より採鉱券を給與します。劉氏希望は此の採鉱券を持て先抵当したの白羊山の証拠等更換して、鈴木商店と継続進行正式契約して交款の希望が有ります。

晩生は劉氏に対して説明が有ります。

此の交渉は本より滔天先生は孫氏及我輩に対して特別の援助表面は実業借款にして實に政治の意味を含有ス。此レハ私劉氏対シテの話シデス。

劉氏の言論は今有烟炭鉱の価は益々上ります。鈴木氏と此の事契約して有りますから、仕方がありません。先一度談判（儘問）無ければ他人に交渉する事出来ません。此レハ劉氏ノ話シ。

劉氏提出の話に拠て若しも鈴木氏継続進行し無ければ、他人に交渉借款或は合辦の目的が有るの有様です。晩生は四月終舊暦三月迄御来駕を待って居ります。此処に居ると生活は中々困難ですから、近頃は支那の和議は益々接近状態有ります。陝西の一部分戦争も休の信有ります。徐世昌氏開放主義を主張します。各友邦人に対シテ砥律の更改説が有ります。中山氏も実業の提唱為めに器械借款の発起が有ります。澤村氏は今離蕪しましたの話です。孫毓筠氏又た東京に居りますか。面会した時に御鳳声伝言して下さい。

草々頓首

三月十一日

晩生周志伊 拝上

拙荊一同

並祝　宮崎婆公　御中

府上萬福

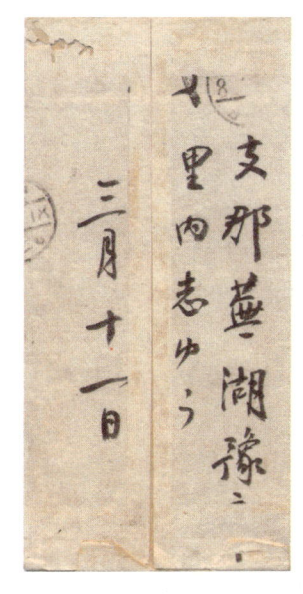
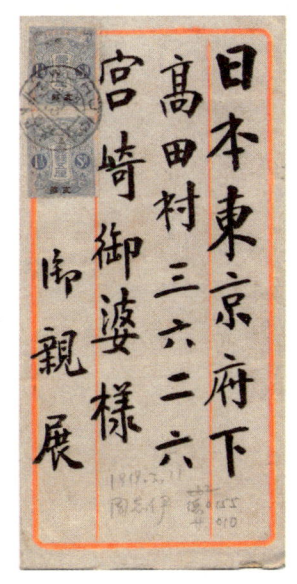

中译文

拜启：

伯母，您近日如何，无变化否？听闻伯父福体微恙之消息，现已恢复健康吧？据窑头岭有烟煤矿刘先生本人刘澍之确切消息，本月也即阳历三月底，政府将会发放采矿券。刘先生希望将此采矿券更换成之前抵押的白羊山之证明，希望与铃木商店继续进行正式签约并交款。

晚生对刘先生有说明："此次交涉本即滔天先生对孙先生与我辈之特别援助，表面为实业借款，实际具有政治意义。"此乃我对刘先生所言。刘氏之言："现有烟煤矿的价值日益渐涨。关于此事因与铃木氏订有合同，如果不先进行谈判，则无法和他人交涉。"此乃刘氏所言。

据刘氏之言，若铃木氏不继续进行谈判的话，则其有意向与他人交涉借款或者合办。晚生四月底，即旧历三月在此等候您光临。在此居住生活中可能会有许多困难，但最近中国方面之和谈呈愈加接近之状态，陕西的部分战争也有停战消息。徐世昌氏主张开放主义，对各友邦有更改矿律之动向。中山氏也提倡实业，发起器械借款。自去年十二月起与泽村先生等及冈先生并无交往，听闻泽村先生业已离开，孙毓筠氏尚在东京否？若有相见之机，则请代问好。

草草顿首

晚生周志伊拜上

拙荆一同

并祝宫崎伯父伯母 御中

府上万福

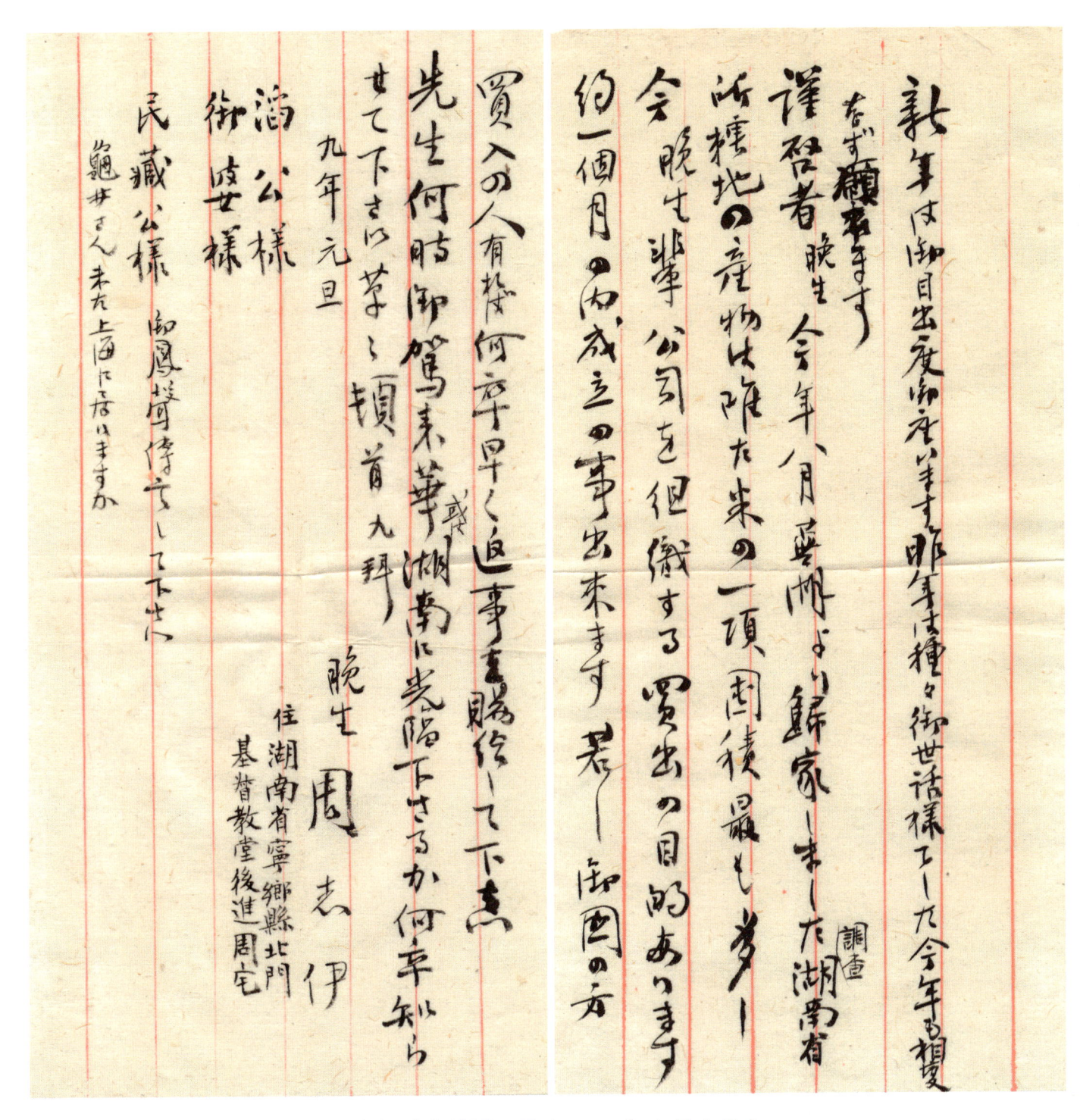

周志伊致宮崎滔天函（1920年1月1日）

宫崎滔天家藏民国人物书札手迹（第五卷）

 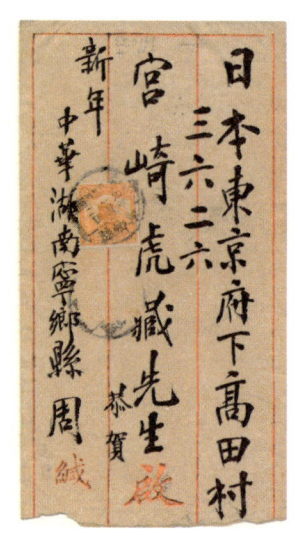

释读

新年は御目出度御座います。昨年は種々御世話様てした。今年も相変らず願ひます。

謹啓者

晩生今年八月蕪湖より帰家しました。調査湖南省所轄地の産物は唯た米の一項囤積最も多し、今晩生輩公司を組織する買出の目的あります。約一個月の内成立の事出来ます。若し御国の方買人の人有れば、何卒早く返事を賜給して下さい。

先生何時御駕来華或は湖南に光臨下さるか？何卒知らせて下さい。

草々頓首九拝

　　　　　　　　　　　　　　　　　　　　　　　　　　九年元旦

　　　　　　　　　　　　　　　　　　　　　　　　　　晩生周志伊

滔公様

御婆様

住湖南省寧郷県北門基督教堂後進周宅

民蔵公様　御鳳声伝言して下さい

亀井さん未た上海に居りますか

释读

拜启：

新年快乐。去年承蒙关照，今年亦请多多关照。

晚生今年八月从芜湖归家，调查湖南省所辖地之物产，唯米一项囤积最多，晚生欲组织公司收购，约一个月即可成立。若贵国有人愿意买入，敬请及早赐函。

先生何时若来华或光临湖南，请通知晚生。草草顿首九拜。

晚生周志伊
住湖南省宁乡县北门基督教堂后进周宅
九年元旦

滔公、伯母、民藏公、龟井先生尚在上海吗？